COMPRENDRE LES CRYPTOMONNAIES

100 fiches pratiques

Max Alecha

Août 2023

Sommaire

1 - Qu'est-ce qu'une cryptomonnaie ?

Une cryptomonnaie est une forme de monnaie numérique qui utilise la cryptographie pour sécuriser et vérifier les transactions ainsi que pour contrôler la création de nouvelles unités. Contrairement aux devises traditionnelles émises par les gouvernements (appelées monnaies fiduciaires), les cryptomonnaies sont généralement décentralisées et fonctionnent sur des réseaux informatiques décentralisés, tels que la technologie de la blockchain.

La caractéristique la plus marquante des cryptomonnaies est leur nature décentralisée. Contrairement aux systèmes monétaires traditionnels où une institution centrale (comme une banque centrale) contrôle l'émission et la gestion de la monnaie, les cryptomonnaies s'appuient sur des protocoles informatiques décentralisés. Cela signifie qu'aucune entité unique n'a le contrôle absolu sur une cryptomonnaie particulière, ce qui peut offrir des avantages en termes de sécurité et d'indépendance vis-à-vis des systèmes financiers traditionnels.

Le premier exemple de cryptomonnaie à avoir vu le jour est le Bitcoin, qui a été créé en 2009 par une personne (ou un groupe) sous le pseudonyme de Satoshi Nakamoto. Le Bitcoin a servi de modèle pour de nombreuses autres cryptomonnaies qui ont suivi. L'une des innovations clés introduites par le Bitcoin est la technologie blockchain.

La blockchain est un registre public et immuable de toutes les transactions effectuées avec une cryptomonnaie spécifique. Elle est constituée de blocs de données liés de manière cryptographique, formant ainsi une chaîne continue. Chaque transaction effectuée avec la cryptomonnaie est enregistrée dans un bloc, et une fois qu'un bloc est ajouté à la chaîne, il devient extrêmement difficile de le modifier. Cela renforce la sécurité et l'intégrité des transactions.

Outre le Bitcoin, de nombreuses autres cryptomonnaies ont été développées au fil du temps, chacune avec ses propres caractéristiques et objectifs. Par exemple, l'Ethereum a introduit le concept de contrats intelligents, qui sont des programmes autonomes exécutés sur la blockchain et capables de mettre en œuvre des règles prédéfinies sans nécessiter d'intermédiaire.

La création de nouvelles unités de cryptomonnaie, un processus appelé "minage", varie en fonction de la cryptomonnaie spécifique. Dans le cas du Bitcoin, par exemple, le minage implique la résolution de problèmes mathématiques complexes par des ordinateurs, et les mineurs sont récompensés par de nouvelles unités de Bitcoin pour leurs efforts.

L'utilisation des cryptomonnaies peut avoir diverses applications. Certaines personnes les considèrent comme un moyen d'investissement, espérant que la valeur des unités augmentera avec le temps. D'autres les utilisent pour effectuer des transactions en ligne, car les paiements en cryptomonnaies peuvent être plus rapides et moins coûteux que les méthodes traditionnelles. De plus, les cryptomonnaies peuvent faciliter les transferts internationaux, car elles ne sont pas soumises aux mêmes restrictions que les monnaies fiduciaires.

Cependant, les cryptomonnaies ne sont pas sans défis. La volatilité des prix, la sécurité des portefeuilles et des plateformes d'échange, ainsi que les préoccupations réglementaires sont autant de problèmes qui doivent être pris en compte. Malgré cela, les cryptomonnaies continuent d'attirer l'attention et suscitent un intérêt croissant dans divers domaines.

Une cryptomonnaie est une monnaie numérique décentralisée utilisant la cryptographie pour sécuriser les transactions et contrôler la création de nouvelles unités. Les cryptomonnaies ont introduit de nouvelles approches dans le monde financier et technologique, et elles continuent d'évoluer à mesure que de nouvelles innovations émergent. Alors que les avantages potentiels sont nombreux, il est important de reconnaître les défis et les risques associés à leur utilisation et à leur adoption croissante.

2 - Chronologie des évènements clés

La chronologie des événements clés dans le monde des cryptomonnaies et de la blockchain trace l'évolution passionnante de cette industrie révolutionnaire.

Depuis la création du premier bloc Bitcoin jusqu'aux développements récents, voici une rétrospective des moments marquants qui ont façonné le paysage des cryptomonnaies et de la technologie blockchain.

2008 : Publication du livre blanc Bitcoin par une personne ou un groupe utilisant le pseudonyme Satoshi Nakamoto. Le livre blanc présente les concepts de base de la technologie blockchain et introduit Bitcoin comme une monnaie numérique peer-to-peer.

2009 : Lancement de Bitcoin. Le bloc Genesis, le premier bloc de la blockchain Bitcoin, est extrait par Satoshi Nakamoto, marquant ainsi le début de la première cryptomonnaie.

2011 : Lancement de Litecoin, une alternative à Bitcoin avec des ajustements algorithmiques pour une vitesse de transaction plus rapide.

2013 : Bitcoin atteint pour la première fois une valeur de plus de 1000 dollars, attirant l'attention des médias et du grand public.

2015 : Vitalik Buterin lance Ethereum, une plateforme de blockchain programmable permettant la création de contrats intelligents et d'applications décentralisées.

2017 : La bulle des cryptomonnaies atteint son apogée, avec Bitcoin atteignant près de 20 000 dollars en décembre. De nombreux nouveaux projets de cryptomonnaies et d'ICO sont lancés.

2018 : Le marché des cryptomonnaies connaît une correction majeure, avec une baisse significative des prix. Cela conduit à une réévaluation et à une prise de conscience de la nécessité de la régulation et de la durabilité.

2020 : L'intérêt institutionnel pour les cryptomonnaies augmente, avec des entreprises comme MicroStrategy et Tesla investissant des milliards de dollars dans Bitcoin.

2021 : Basculement majeur vers la preuve d'enjeu (PoS) avec Ethereum 2.0. L'engouement pour les NFT (jetons non fongibles) atteint son apogée, avec des ventes record d'œuvres d'art numériques et d'autres actifs numériques uniques.

2021 : L'introduction en bourse de Coinbase, l'une des plus grandes plateformes d'échange de cryptomonnaies, marque une étape majeure dans la légitimation de l'industrie.

2022 : Les gouvernements et les régulateurs du monde entier intensifient leurs efforts pour élaborer des réglementations claires pour les cryptomonnaies et la blockchain, influençant ainsi la direction future de l'industrie.

2023 : L'adoption des cryptomonnaies et de la technologie blockchain continue de croître, avec des entreprises de divers secteurs explorant les cas d'utilisation potentiels et les avantages de la technologie.

La chronologie des événements clés reflète la montée en puissance des cryptomonnaies et de la blockchain en tant qu'éléments perturbateurs dans le paysage financier mondial. Alors que cette technologie continue d'évoluer, de nouveaux développements, innovations et défis continueront de façonner l'avenir des cryptomonnaies et de la blockchain.

3 - Comparaisons avec les autres révolutions technologiques

La comparaison entre les révolutions technologiques, y compris celle des cryptomonnaies et de la blockchain, permet de mieux appréhender l'ampleur et les implications de ces changements dans le contexte de l'histoire technologique. Voici comment les cryptomonnaies se comparent à d'autres révolutions technologiques majeures.

Révolution industrielle : La première révolution industrielle a été marquée par la transition de la production artisanale à la production mécanisée dans les usines. Les cryptomonnaies partagent avec cette révolution l'idée de perturber les modèles établis et de créer de nouveaux moyens de production et d'échange, bien que les domaines soient différents.

Révolution numérique : La révolution numérique a introduit l'informatique personnelle, Internet et les communications mobiles, transformant la façon dont nous communiquons et accédons à l'information. Les cryptomonnaies font partie de cette révolution en transformant la manière dont nous traitons les transactions financières et les contrats.

Révolution de l'Internet : L'avènement de l'Internet a permis la connectivité mondiale et l'accès à l'information à une échelle sans précédent. Les cryptomonnaies et la blockchain capitalisent sur Internet en fournissant des solutions de paiement et de transfert d'actifs décentralisées et sécurisées.

Révolution mobile : L'essor des smartphones a révolutionné la façon dont nous interagissons avec la technologie, apportant une connectivité constante et une myriade d'applications. De manière similaire, les portefeuilles mobiles et les applications de cryptomonnaies changent la manière dont nous gérons nos actifs financiers.

Révolution de l'intelligence artificielle (IA) : L'IA et l'apprentissage automatique transforment la manière dont les machines traitent l'information et prennent des décisions. Bien que distinctes des cryptomonnaies, ces technologies peuvent être utilisées pour améliorer la sécurité et l'efficacité des réseaux de blockchain.

Révolution énergétique : La transition vers les énergies renouvelables vise à réduire notre dépendance aux combustibles fossiles. Les cryptomonnaies, en particulier Bitcoin, sont critiquées pour leur consommation d'énergie élevée. Cependant, il existe des efforts pour rendre l'exploitation minière plus durable.

Bien que chaque révolution technologique ait ses propres caractéristiques distinctes, elles partagent toutes le potentiel de transformer la manière dont nous vivons, travaillons et interagissons avec le monde qui nous entoure. Les cryptomonnaies et la blockchain, en particulier, offrent des opportunités uniques de perturbation dans le domaine financier et au-delà, créant de nouvelles voies vers la décentralisation, la sécurité et l'innovation.

4 - Origines du Bitcoin : révolution monétaire

Les origines du Bitcoin remontent à une publication en 2008, lorsqu'une personne ou un groupe se cachant derrière le pseudonyme de Satoshi Nakamoto a publié un article intitulé "Bitcoin: A Peer-to-Peer Electronic Cash System". Cet article a jeté les bases de ce qui allait devenir la première cryptomonnaie véritablement fonctionnelle et a inauguré une nouvelle ère dans le domaine des finances et de la technologie.

Le Bitcoin a été conçu comme une réponse aux problèmes inhérents aux systèmes monétaires traditionnels. Le concept central était de créer une forme de monnaie numérique qui pourrait être échangée entre les parties sans nécessiter d'intermédiaire centralisé, comme une banque ou une institution financière. Cela a été réalisé en utilisant la technologie de la blockchain, qui permet la création d'un registre public et immuable de toutes les transactions.

La révolution monétaire apportée par le Bitcoin réside dans plusieurs aspects clés :

Décentralisation : Contrairement aux monnaies traditionnelles qui sont régies par des autorités centrales, le Bitcoin est décentralisé. Il n'est contrôlé ni émis par un gouvernement ni régulé par une banque centrale. Cela signifie que les utilisateurs peuvent envoyer et recevoir des fonds directement sans avoir besoin d'un tiers de confiance.

Émission limitée : Contrairement aux monnaies fiduciaires qui peuvent être imprimées par les gouvernements en fonction de leur politique monétaire, le Bitcoin est soumis à un plafond fixe de 21 millions d'unités. Cette limitation vise à empêcher l'inflation et à garantir une offre limitée, ce qui pourrait potentiellement contribuer à la préservation de la valeur sur le long terme.

Anonymat et sécurité : Les transactions Bitcoin sont pseudonymes, ce qui signifie qu'elles sont associées à des adresses plutôt qu'à des noms réels. Cela offre une certaine confidentialité aux utilisateurs. De plus, la sécurité des transactions est garantie par la cryptographie et la technologie de la blockchain, ce qui rend les transactions extrêmement difficiles à falsifier.

Accessibilité internationale : Le Bitcoin peut être utilisé par quiconque ayant accès à Internet, ce qui élimine les barrières géographiques et facilite les transactions internationales sans les frais et les délais associés aux transferts bancaires traditionnels.

Démocratisation de la finance : Le Bitcoin a ouvert la voie à un nouveau concept financier appelé "cryptofinance". Les utilisateurs peuvent désormais effectuer des transactions, investir et gérer leur propre argent sans dépendre d'entités financières traditionnelles. Cela a donné naissance à une culture d'autonomie financière et d'investissement direct.

Le Bitcoin a suscité un intérêt considérable dès ses débuts, mais il a également été entouré de débats et de controverses. Certains voient en lui une révolution monétaire qui libère les individus du contrôle étatique, tandis que d'autres expriment des préoccupations concernant son utilisation pour des activités illégales et sa volatilité en tant que classe d'actifs.

Le Bitcoin a ouvert la voie à une nouvelle ère de monnaies et de technologies financières. Son impact dépasse largement le simple cadre des transactions en ligne, en remettant en question les normes financières établies et en offrant de nouvelles perspectives sur la manière dont la valeur et les transactions peuvent être gérées à l'ère numérique.

5 - Avantages des cryptomonnaies

Les cryptomonnaies offrent une série d'avantages qui ont attiré l'attention des investisseurs, des technologues et même des gouvernements. Ces avantages découlent principalement de leur nature décentralisée et des technologies qui les sous-tendent, telles que la blockchain.

Voici quelques-uns des avantages clés des cryptomonnaies :

Décentralisation : Les cryptomonnaies fonctionnent sur des réseaux décentralisés, ce qui signifie qu'elles ne sont pas contrôlées par une seule entité, comme une banque centrale ou un gouvernement. Cela offre une autonomie financière aux utilisateurs et réduit la dépendance vis-à-vis des systèmes financiers traditionnels.

Accessibilité globale : Les cryptomonnaies peuvent être utilisées par n'importe qui ayant accès à Internet, ce qui élimine les barrières géographiques et facilite les transactions internationales sans nécessiter de conversion de devises.

Transactions rapides et peu coûteuses : Les transactions de cryptomonnaies peuvent être effectuées rapidement et à moindre coût, en particulier pour les transferts internationaux. Cela contraste avec les méthodes traditionnelles qui peuvent impliquer des frais élevés et des délais importants.

Confidentialité améliorée : Bien que les transactions soient enregistrées dans un registre public (la blockchain), elles sont pseudonymes, ce qui signifie qu'elles sont liées à des adresses plutôt qu'à des identités réelles. Cela offre une certaine confidentialité aux utilisateurs.

Sécurité améliorée : Les transactions de cryptomonnaies sont sécurisées par des techniques de cryptographie avancées. Une fois qu'une transaction est enregistrée dans la blockchain, il est extrêmement difficile de la falsifier, ce qui rend les transactions très sécurisées.

Innovation technologique : Les cryptomonnaies ont donné naissance à de nouvelles technologies telles que la blockchain et les contrats intelligents, qui ont des applications potentielles bien au-delà des transactions financières. Ces innovations pourraient transformer divers secteurs tels que la finance, la santé, la logistique et plus encore.

Inclusion financière : Dans les régions où l'accès aux services financiers traditionnels est limité, les cryptomonnaies peuvent offrir une opportunité d'inclusion financière en permettant aux individus d'accéder à des services bancaires de base via des dispositifs connectés.

Réduction des fraudes : Grâce à la sécurité de la blockchain, les risques de fraude et de contrefaçon sont réduits, car les transactions sont transparentes et vérifiables.

Possibilités d'investissement : Pour de nombreux investisseurs, les cryptomonnaies constituent une nouvelle classe d'actifs qui peut potentiellement offrir des rendements intéressants. Cependant, il est important de noter que les investissements en cryptomonnaies sont également associés à des risques élevés en raison de leur volatilité.

Expérimentation avec de nouveaux modèles économiques : Les cryptomonnaies ont ouvert la voie à de nouveaux modèles économiques tels que les jetons non fongibles (NFT) et la finance décentralisée (DeFi), qui remettent en question les structures traditionnelles et offrent de nouvelles possibilités de création de valeur.

Cependant, il est important de noter que malgré leurs avantages, les cryptomonnaies présentent également des défis tels que la volatilité des prix, la sécurité des portefeuilles et des plateformes d'échange, ainsi que des préoccupations réglementaires. Avant de s'impliquer dans les cryptomonnaies, il est essentiel de comprendre ces avantages et défis afin de prendre des décisions éclairées.

6 - Inconvénients des cryptomonnaies

Les cryptomonnaies offrent de nombreux avantages, mais elles ne sont pas exemptes d'inconvénients. Il est important de prendre en compte ces aspects négatifs tout en explorant le monde des cryptomonnaies.

Voici quelques-uns des inconvénients associés aux cryptomonnaies :

Volatilité des prix : Les cryptomonnaies sont connues pour leur volatilité extrême. Les variations soudaines et importantes des prix peuvent entraîner des gains importants, mais aussi des pertes massives pour les investisseurs. Cette volatilité rend difficile la prévision de la valeur future des cryptomonnaies.

Sécurité et risque de hacks : Bien que les transactions en cryptomonnaies soient sécurisées par la cryptographie, les plateformes d'échange, les portefeuilles et même les contrats intelligents peuvent être vulnérables aux piratages. Les pertes massives de fonds en raison de ces failles de sécurité ont été signalées par le passé.

Pertes de clés : Les utilisateurs de cryptomonnaies doivent conserver en toute sécurité leurs clés privées, qui sont essentielles pour accéder à leurs fonds. La perte ou l'oubli de ces clés peut entraîner une perte permanente des fonds.

Frais élevés : Bien que les frais de transaction de cryptomonnaies soient généralement inférieurs à ceux des méthodes traditionnelles, ils peuvent augmenter en période de congestion du réseau. Dans certains cas, les frais peuvent devenir prohibitifs pour les petites transactions.

Manque de réglementation : Le manque de réglementation claire dans le domaine des cryptomonnaies peut entraîner des incertitudes juridiques et réglementaires. Les gouvernements et les organismes de réglementation du monde entier tentent de trouver l'équilibre entre l'innovation et la protection des investisseurs et des consommateurs.

Utilisation criminelle : Les cryptomonnaies ont été utilisées pour faciliter des activités illégales telles que le blanchiment d'argent, l'évasion fiscale et même le financement du terrorisme, en raison de leur anonymat relatif. Cela a suscité des préoccupations au niveau international.

Manque de réversibilité : Une fois qu'une transaction de cryptomonnaie est confirmée, elle est généralement irréversible. Si vous envoyez des fonds par erreur ou si vous êtes victime d'une escroquerie, il peut être difficile, voire impossible, de récupérer les fonds.

Dépendance technologique : Les cryptomonnaies dépendent de la technologie, y compris Internet et les systèmes informatiques. Les pannes technologiques, les problèmes de réseau ou les pannes d'électricité peuvent avoir un impact sur l'accès aux fonds.

Énergie et environnement : Le minage de certaines cryptomonnaies, en particulier celles qui utilisent la preuve de travail, consomme une quantité considérable d'énergie. Cela soulève des préoccupations environnementales, en particulier dans un contexte de sensibilisation croissante au changement climatique.

Manque d'éducation : En raison de la nature relativement nouvelle des cryptomonnaies, de nombreuses personnes manquent d'éducation et de compréhension sur leur fonctionnement. Cela peut entraîner des erreurs coûteuses ou une mauvaise utilisation des cryptomonnaies.

Bien que les cryptomonnaies aient révolutionné de nombreux aspects de la finance et de la technologie, elles ne sont pas sans risques et inconvénients. Il est essentiel pour toute personne intéressée par les cryptomonnaies de prendre en compte ces facteurs négatifs et de faire preuve de diligence dans leurs interactions avec ce nouvel écosystème financier.

7 - Fonctionnement de la technologie blockchain

Le fonctionnement de la technologie blockchain est au cœur des cryptomonnaies et d'autres applications décentralisées. Une blockchain est essentiellement un registre numérique qui enregistre toutes les transactions de manière transparente, sécurisée et immuable.

Voici une explication détaillée du fonctionnement de la technologie blockchain :

Structure en blocs : Une blockchain est constituée de blocs qui contiennent des données de transaction. Chaque bloc est lié au précédent à l'aide d'une fonction de hachage cryptographique. Cette liaison crée une chaîne continue de blocs, d'où le terme "blockchain".

Transactions : Lorsqu'une transaction en cryptomonnaie est effectuée, elle est diffusée sur le réseau. Cette transaction inclut des informations sur l'émetteur, le destinataire, le montant et d'autres détails. Les transactions sont collectées dans un bloc en attente de validation.

Validation : Avant qu'une transaction ne soit ajoutée à un bloc, elle doit être validée par les mineurs (dans le cas de la preuve de travail) ou les validateurs (dans le cas de la preuve d'enjeu). La validation implique la résolution d'un problème mathématique complexe ou la mise en jeu d'une certaine quantité de cryptomonnaie.

Ajout au bloc : Une fois qu'une transaction est validée, elle est ajoutée au bloc en cours de création. Ce bloc est ensuite scellé à l'aide d'une fonction de hachage qui prend en compte les données du bloc précédent. Cela crée un lien sécurisé entre les blocs.

Preuve de travail ou preuve d'enjeu : La technologie blockchain peut utiliser différents mécanismes de consensus pour sécuriser le réseau. La preuve de travail (PoW) implique la résolution de problèmes mathématiques complexes, tandis que la preuve d'enjeu (PoS) repose sur la mise en jeu d'une quantité spécifique de cryptomonnaie.

Sécurité et cryptographie : Chaque bloc contient un hachage cryptographique du bloc précédent, ce qui rend la blockchain résistante à la falsification. Si un utilisateur tente de modifier un bloc, cela modifierait également le hachage de tous les blocs suivants, rendant la fraude extrêmement difficile.

Consensus distribué : Tous les participants du réseau (mineurs ou validateurs) doivent s'accorder sur l'état actuel de la blockchain. Cela crée un consensus distribué qui garantit que toutes les copies de la blockchain sont cohérentes.

Immutabilité : Une fois qu'une transaction est ajoutée à un bloc et que ce bloc est ajouté à la blockchain, il est extrêmement difficile de la modifier. Cela garantit l'intégrité et la traçabilité des transactions.

Réseau décentralisé : Les données de la blockchain sont stockées et vérifiées par des nœuds décentralisés à travers le réseau. Cela élimine la nécessité d'une autorité centrale pour gérer les transactions.

Applications plus larges : Bien que la blockchain soit principalement associée aux cryptomonnaies, elle peut être utilisée pour des applications allant au-delà des transactions financières, telles que la gestion des chaînes d'approvisionnement, la gestion des dossiers médicaux, le vote électronique et plus encore.

La technologie blockchain a révolutionné la façon dont les transactions sont enregistrées et sécurisées. Sa décentralisation, sa transparence et son immutabilité en font un outil puissant pour une variété d'applications. Cependant, il est important de noter que bien que la blockchain présente de nombreux avantages, elle n'est pas non plus exempte de défis, notamment en ce qui concerne la scalabilité et l'efficacité énergétique.

8 - Bitcoin : pionnier des cryptomonnaies

Le Bitcoin est le pionnier et la première cryptomonnaie à avoir vu le jour. Créé en 2009 par une personne ou un groupe sous le pseudonyme de Satoshi Nakamoto, le Bitcoin a introduit le concept de monnaie numérique décentralisée et a jeté les bases de tout l'écosystème des cryptomonnaies qui a suivi. Voici comment le Bitcoin s'est établi en tant que pionnier dans le monde des cryptomonnaies :

1. Origines mystérieuses : Satoshi Nakamoto, le créateur du Bitcoin, a publié un livre blanc intitulé "Bitcoin: A Peer-to-Peer Electronic Cash System" en 2008, décrivant les principes fondamentaux du Bitcoin et de la technologie blockchain. Cependant, l'identité réelle de Nakamoto reste inconnue à ce jour.

2. Création du Bitcoin : En janvier 2009, Nakamoto a lancé le premier réseau Bitcoin en minant le bloc génésis, également appelé le "bloc 0". Ce bloc a marqué le début de la blockchain Bitcoin et contenait un message codé faisant référence à la crise financière de 2008.

3. Système monétaire décentralisé : Le Bitcoin a introduit la notion de monnaie numérique décentralisée, éliminant la nécessité d'une autorité centrale telle qu'une banque centrale pour émettre et gérer la monnaie. Le protocole Bitcoin a été conçu pour limiter l'offre à 21 millions d'unités, évitant ainsi l'inflation.

4. Technologie Blockchain : Le Bitcoin a été le premier à utiliser la technologie blockchain pour enregistrer les transactions. Chaque transaction est enregistrée de manière transparente dans un bloc, puis ajoutée à la chaîne de blocs. Cette approche a garanti la sécurité, la transparence et l'immuabilité des transactions.

5. Adoption croissante : Au départ, le Bitcoin a été largement adopté par des passionnés de technologie et des libertaires financiers. Cependant, au fil du temps, son adoption s'est étendue à un public plus large, y compris des investisseurs institutionnels et des entreprises.

6. Acceptation commerciale : Le Bitcoin a ouvert la voie à une nouvelle façon de traiter les transactions en ligne. Des entreprises ont commencé à accepter le Bitcoin comme moyen de paiement pour divers biens et services.

7. Volatilité et débats : En raison de sa nouveauté et de sa volatilité, le Bitcoin a été le sujet de nombreux débats. Certains voient en lui une monnaie d'avenir, tandis que d'autres soulignent ses défis et sa volatilité en tant que classe d'actifs.

8. Évolution technologique : Le Bitcoin a continué d'évoluer avec l'introduction de mises à jour telles que Segregated Witness (SegWit) et le Lightning Network, visant à améliorer la scalabilité et l'efficacité des transactions.

9. Impact sur la finance : Le Bitcoin a influencé la pensée en matière de monnaie et de finance, notamment en stimulant le développement de nouvelles cryptomonnaies et de technologies financières telles que les contrats intelligents et la finance décentralisée (DeFi).

10. Référence pour les cryptomonnaies : En tant que première cryptomonnaie réussie, le Bitcoin sert souvent de référence dans le monde des cryptomonnaies. Son succès initial a inspiré de nombreux autres projets et a établi les bases pour une nouvelle approche des transactions monétaires.

Le Bitcoin est le pionnier des cryptomonnaies, ayant introduit la notion de monnaie numérique décentralisée et de technologie blockchain. Son impact sur la finance et la technologie est considérable, et bien que sa trajectoire ait été marquée par des hauts et des bas, il a joué un rôle clé dans la popularisation et l'adoption ultérieure des cryptomonnaies dans le monde entier.

9 - Ethereum : contrats intelligents et plus

Ethereum est l'une des cryptomonnaies les plus influentes et innovantes après le Bitcoin. Créé en 2015 par Vitalik Buterin, Ethereum va au-delà de la simple monnaie numérique en introduisant des concepts tels que les contrats intelligents et les applications décentralisées (dApps), ce qui lui a valu le titre de "plateforme de contrat intelligent".

Voici comment Ethereum a apporté des innovations significatives au monde des cryptomonnaies :

1. Origines et création : Vitalik Buterin a publié le livre blanc d'Ethereum en 2013, proposant une plateforme qui permettrait la création de contrats intelligents et d'applications décentralisées. En 2015, Ethereum a été lancé avec succès grâce à une vente de jetons appelée "Initial Coin Offering" (ICO).

2. Contrats intelligents : L'une des contributions les plus significatives d'Ethereum est l'introduction des contrats intelligents. Ce sont des programmes autonomes exécutés sur la blockchain qui exécutent automatiquement et sans intermédiaire des actions prédéfinies lorsque des conditions spécifiques sont remplies. Les contrats intelligents éliminent le besoin de confiance entre les parties et ouvrent la voie à une multitude de nouvelles applications.

3. Applications décentralisées (dApps) : Ethereum permet la création et le déploiement de dApps, qui sont des applications fonctionnant sur la blockchain et exploitant les contrats intelligents. Ces dApps peuvent couvrir une variété de domaines tels que les services financiers, les jeux, les réseaux sociaux, la gestion des chaînes d'approvisionnement et bien plus encore.

4. Tokenisation d'actifs : Ethereum a facilité la création de tokens, qui peuvent représenter divers actifs tels que des jetons de gouvernance, des biens numériques, des actions, et même des versions numériques de monnaies fiduciaires. Cette fonctionnalité a ouvert la voie à de nouvelles formes d'échange et de financement.

5. Évolution du protocole : Ethereum est passé de la preuve de travail (PoW) à la preuve de participation (PoS) avec Ethereum 2.0, ce qui vise à améliorer l'efficacité énergétique et à résoudre les problèmes de scalabilité.

6. Adoption croissante : Ethereum a gagné en popularité auprès des développeurs et des entreprises pour ses fonctionnalités étendues et sa flexibilité. De nombreux projets et startups ont choisi Ethereum comme plateforme pour lancer leurs dApps et leurs tokens.

7. Défis de scalabilité : Malgré ses innovations, Ethereum a fait face à des problèmes de scalabilité en raison de la congestion du réseau et des frais élevés. Des solutions telles que le sharding et les sidechains sont explorées pour améliorer ces aspects.

8. Écosystème DeFi : Ethereum a donné naissance à l'écosystème DeFi (Finance Décentralisée), qui comprend des protocoles pour les prêts, les emprunts, les échanges et d'autres services financiers, le tout fonctionnant sur la blockchain.

9. Concurrence et interopérabilité : Ethereum a inspiré de nombreux projets similaires, mais également des plateformes rivales. L'interopérabilité entre différentes blockchains est devenue un sujet clé pour permettre des interactions fluides entre les écosystèmes.

10. Impact à long terme : L'innovation apportée par Ethereum a profondément influencé la manière dont les technologies financières et les applications décentralisées sont envisagées. Sa contribution aux contrats intelligents et aux dApps a élargi les horizons de ce que les blockchains peuvent accomplir.

Ethereum a joué un rôle essentiel dans l'évolution du paysage des cryptomonnaies en introduisant les contrats intelligents et les applications décentralisées. Son impact s'étend au-delà de la simple monnaie numérique, ouvrant la voie à de nouvelles approches pour la finance, la technologie et l'innovation. Cependant, Ethereum continue également de faire face à des défis techniques et concurrentiels qui façonneront son avenir.

10 - Ripple (XRP) : paiements transfrontaliers

Ripple (XRP) est une cryptomonnaie qui se distingue par son objectif de faciliter les paiements transfrontaliers et les transferts d'argent internationaux. Contrairement à d'autres cryptomonnaies, Ripple se concentre principalement sur le secteur financier traditionnel en cherchant à résoudre les inefficacités et les coûts élevés associés aux paiements internationaux.

Voici comment Ripple a émergé comme un acteur clé dans le domaine des paiements transfrontaliers :

1. Création de Ripple : Ripple a été créé en 2012 par Chris Larsen et Jed McCaleb. L'objectif initial était de créer un système de paiement en temps réel et à faible coût qui pourrait être utilisé pour faciliter les transactions monétaires internationales.

2. Protocole de consensus unique : Ripple utilise un protocole de consensus unique appelé "Ripple Protocol Consensus Algorithm (RPCA)". Contrairement à d'autres blockchains qui dépendent du minage, Ripple utilise un réseau de validateurs indépendants pour valider les transactions et maintenir le registre.

3. Token XRP : Le XRP est la cryptomonnaie native du réseau Ripple. Contrairement à d'autres cryptomonnaies, le XRP n'est pas conçu pour être une monnaie ordinaire, mais plutôt pour servir de passerelle entre différentes devises et faciliter les transactions transfrontalières.

4. Solution de paiements transfrontaliers : Ripple vise à résoudre les problèmes de lenteur, de coûts élevés et d'opacité associés aux paiements internationaux traditionnels. Son réseau de paiement RippleNet permet aux institutions financières de transférer des fonds de manière quasi instantanée et à moindre coût.

5. Liquidité et économie du XRP : RippleNet facilite la conversion entre différentes devises en utilisant le XRP comme pont entre elles. Cela permet d'améliorer la liquidité et de réduire le besoin de préfinancement des comptes à l'étranger.

6. Partenariats et adoptions : Ripple a établi des partenariats avec de nombreuses institutions financières, y compris des banques, des sociétés de paiement et des prestataires de services financiers, pour intégrer sa technologie de paiement. Ces partenariats ont contribué à renforcer l'adoption du réseau RippleNet.

7. Stabilité des transactions : Grâce à son protocole de consensus unique, Ripple peut traiter un grand nombre de transactions par seconde, ce qui garantit la stabilité du réseau même en période de forte demande.

8. Débat sur la décentralisation : Ripple a été critiqué pour son degré de centralisation, car une partie importante des tokens XRP est détenue par la société Ripple Labs. Cela a suscité des discussions sur le degré de contrôle que Ripple exerce sur le réseau.

9. Réglementation et adoption continue : La collaboration de Ripple avec des institutions financières et la recherche de solutions pour les paiements internationaux l'ont souvent amené à travailler avec les régulateurs financiers. L'adoption continue de sa technologie dépendra en partie de la manière dont elle gère les aspects réglementaires.

10. Impact sur les paiements transfrontaliers : Ripple a eu un impact significatif sur le secteur des paiements internationaux en offrant une alternative plus rapide et moins coûteuse aux systèmes traditionnels de transfert d'argent. Son modèle économique et son approche technologique ont contribué à façonner l'avenir des paiements transfrontaliers.

Ripple (XRP) s'est positionné comme une solution de paiement transfrontalier, visant à améliorer l'efficacité et la réduction des coûts associés aux transferts d'argent internationaux. Bien qu'il ait été salué pour ses innovations, il a également fait l'objet de débats en raison de son modèle économique et de sa centralisation apparente. Son impact sur les paiements internationaux continue d'évoluer à mesure que l'adoption de sa technologie se développe et que le paysage réglementaire évolue.

11 - itecoin : l'argent numérique

Litecoin (LTC) est une cryptomonnaie qui a été créée en 2011 par Charlie Lee, un ancien ingénieur de Google. Souvent considéré comme "l'argent numérique", Litecoin a été conçu pour être une version plus rapide et légère du Bitcoin, avec des améliorations techniques visant à faciliter les transactions quotidiennes.

Voici comment Litecoin s'est établi en tant que "l'argent numérique" dans le monde des cryptomonnaies :

1. Création de Litecoin : Charlie Lee a créé Litecoin en tant que "fork" du code source du Bitcoin, ce qui signifie qu'il partageait de nombreuses caractéristiques techniques avec le Bitcoin, mais avec certaines différences clés.

2. Réduction du temps de bloc : L'une des principales améliorations de Litecoin par rapport au Bitcoin est la réduction du temps de bloc. Alors que le Bitcoin génère un nouveau bloc toutes les 10 minutes, Litecoin le fait toutes les 2,5 minutes. Cela permet des transactions plus rapides et une confirmation plus rapide des paiements.

3. Algorithme de minage : Litecoin utilise un algorithme de minage différent de celui du Bitcoin. Au lieu de l'algorithme SHA-256 utilisé par le Bitcoin, Litecoin utilise Scrypt. Cela rend le minage de Litecoin accessible à un plus grand nombre de mineurs avec des ordinateurs personnels.

4. Offre totale et blocs : Litecoin a une offre totale plus élevée que le Bitcoin, avec un plafond de 84 millions de tokens, contre 21 millions pour le Bitcoin. De plus, Litecoin génère quatre fois plus de blocs en même temps.

5. Utilisation comme moyen de paiement : L'une des visions clés de Litecoin est de devenir une monnaie numérique utilisée pour les paiements quotidiens. Les transactions plus rapides et les coûts de transaction généralement plus bas que le Bitcoin en font une option attrayante pour les petits paiements et les achats en ligne.

6. Adoption et acceptation : Litecoin a gagné en adoption dans le commerce en ligne, les services et les entreprises qui acceptent les paiements en cryptomonnaie. Certaines plates-formes de paiement permettent aux commerçants d'accepter des paiements en Litecoin.

7. Atomic Swaps : Litecoin a été l'une des premières cryptomonnaies à expérimenter les "atomic swaps", qui sont des échanges de cryptomonnaies entre deux parties sans intermédiaire. Cela ouvre la voie à des transactions directes entre différentes cryptomonnaies sans avoir besoin d'une plate-forme d'échange.

8. Sécurité et décentralisation : Bien que plus rapide que le Bitcoin, Litecoin reste sécurisé grâce à la nature décentralisée de son réseau et à l'utilisation de la technologie blockchain pour enregistrer les transactions.

9. Relation avec Bitcoin : Litecoin est souvent considéré comme un "testnet" ou un bac à sable pour expérimenter de nouvelles fonctionnalités et améliorations qui pourraient éventuellement être implémentées dans le Bitcoin.

10. Evolution continue : Litecoin continue d'évoluer avec des mises à jour et des améliorations techniques pour améliorer la sécurité, la scalabilité et les fonctionnalités. La vision de devenir "l'argent numérique" guide le développement et l'adoption de Litecoin.

Litecoin a été créé en tant que version plus rapide et légère du Bitcoin, visant à être une monnaie numérique pour les transactions quotidiennes. Son adoption croissante dans les paiements en ligne et son rôle de pionnier dans les technologies comme les atomic swaps en font une force significative dans l'écosystème des cryptomonnaies.

12 - Cardano : approche positive de la blockchain

Cardano (ADA) est une cryptomonnaie et une plateforme blockchain qui se distingue par son approche scientifique rigoureuse et son engagement envers la recherche et le développement. Lancée en 2017 par Charles Hoskinson, l'un des cofondateurs d'Ethereum, Cardano vise à combiner les meilleures pratiques de la recherche académique avec les technologies de la blockchain pour créer une plateforme robuste et évolutive.

Voici comment Cardano s'est établi en tant qu'exemple d'approche scientifique de la blockchain :

1. Fondements scientifiques : Cardano s'engage à suivre une approche scientifique rigoureuse dans la conception de sa technologie. L'équipe de Cardano collabore avec des chercheurs et des universités du monde entier pour valider et améliorer les concepts sous-jacents de la blockchain.

2. Ouroboros : Le protocole de consensus de Cardano, appelé Ouroboros, est le premier protocole de preuve d'enjeu (PoS) qui a été scientifiquement prouvé et vérifié. Il vise à améliorer l'efficacité énergétique et la sécurité du réseau tout en permettant aux utilisateurs de participer au consensus en fonction de leurs avoirs en ADA.

3. Modularité : Cardano a été conçu de manière modulaire, ce qui signifie que chaque couche de la plateforme, de la couche de comptabilité à la couche d'application, peut être développée, testée et mise à jour indépendamment. Cela permet une évolutivité et une flexibilité accrues.

4. Réseau d'académies : Cardano a mis en place un réseau d'académies de blockchain dans plusieurs pays, offrant des formations et des programmes éducatifs sur la technologie blockchain et les cryptomonnaies. Cela contribue à l'adoption de la blockchain et à la création d'une main-d'œuvre qualifiée.

5. Contrats intelligents : Cardano a également développé une plateforme pour les contrats intelligents appelée "Plutus". Cette plateforme vise à permettre aux développeurs de créer des contrats intelligents robustes et sécurisés en utilisant des langages de programmation courants.

6. Interopérabilité : Cardano reconnaît l'importance de l'interopérabilité entre différentes blockchains et travaille à la mise en œuvre de standards qui permettront une communication fluide entre les différentes plateformes.

7. Impact social : Cardano met l'accent sur l'impact social et travaille sur des projets qui visent à améliorer les conditions de vie des personnes dans les pays en développement, en utilisant la blockchain pour renforcer les systèmes de gestion des ressources et les infrastructures.

8. Analyse formelle : Une caractéristique clé de l'approche scientifique de Cardano est l'utilisation de l'analyse formelle pour vérifier la sécurité et la fiabilité de ses protocoles. Cela aide à minimiser les erreurs et les vulnérabilités.

9. Adoption et partenariats : Cardano a établi des partenariats avec diverses institutions, gouvernements et organisations pour explorer les applications de sa technologie dans des domaines tels que les systèmes de vote électronique, la gestion des identités et la finance décentralisée.

10. Évolution continue : Cardano considère la blockchain comme une technologie en constante évolution et s'engage à maintenir sa vision scientifique tout en continuant à rechercher et à mettre en œuvre des améliorations.

Cardano se distingue par son approche scientifique rigoureuse de la blockchain. En mettant l'accent sur la recherche, la modularité et la sécurité, Cardano vise à créer une plateforme blockchain qui combine l'innovation technologique avec la rigueur académique pour résoudre des problèmes du monde réel et créer des applications blockchain plus fiables et performantes.

13 - Polkadot : connecter les blockchains

Polkadot est une plateforme blockchain novatrice qui vise à résoudre le défi de l'interopérabilité entre les différentes blockchains. Créée par Gavin Wood, co-fondateur d'Ethereum, Polkadot vise à créer un écosystème de blockchains connectées et interopérables, permettant ainsi aux différents réseaux de communiquer et de collaborer de manière transparente.

Voici comment Polkadot s'est établi en tant que plateforme visant à connecter les blockchains :

1. Approche de parachains : Polkadot utilise une structure de "parachains", qui sont des blockchains indépendantes et spécialisées reliées au "relay chain", la chaîne principale de Polkadot. Les parachains peuvent avoir leurs propres règles, fonctionnalités et caractéristiques.

2. Bridges : Polkadot permet également la création de "bridges" (ponts) qui relient des blockchains externes à l'écosystème Polkadot. Cela permet aux blockchains existantes de bénéficier de l'interopérabilité offerte par Polkadot.

3. Consensus Nominated Proof of Stake (NPoS) : Polkadot utilise un consensus NPoS, qui permet aux détenteurs de DOT (la cryptomonnaie de Polkadot) de participer au processus de validation en nommant des validateurs de confiance pour sécuriser le réseau.

4. Sécurité et scalabilité : En reliant plusieurs blockchains indépendantes, Polkadot vise à améliorer à la fois la sécurité et la scalabilité des applications décentralisées. Chaque parachain peut être conçu pour une application spécifique, tout en bénéficiant de la sécurité de la relay chain.

5. Participation de la communauté : Les détenteurs de DOT et les utilisateurs de Polkadot sont encouragés à participer au processus de gouvernance et de décision, permettant ainsi une évolution collective de la plateforme.

6. Interopérabilité : L'objectif clé de Polkadot est de permettre l'interopérabilité entre les différentes blockchains, ce qui signifie que les données et les actifs peuvent être transférés en toute sécurité et en toute transparence entre les différentes chaînes.

7. Bénéfices pour les développeurs : Polkadot offre une infrastructure qui facilite le développement de blockchains personnalisées, ce qui permet aux développeurs de se concentrer sur des fonctionnalités spécifiques plutôt que de recréer l'ensemble de l'écosystème.

8. Stabilité et évolution : En utilisant un modèle de gouvernance participatif et une approche modulaire, Polkadot vise à créer un écosystème stable et évolutif pour les blockchains et les applications décentralisées.

9. Adoption et projets : Polkadot a suscité l'intérêt de nombreux projets et développeurs qui cherchent à profiter de son modèle d'interopérabilité. De nombreuses parachains sont en cours de développement pour explorer divers cas d'utilisation.

10. Vision à long terme : Polkadot vise à évoluer pour répondre aux besoins changeants de l'écosystème blockchain. Son objectif est de fournir une infrastructure de confiance pour l'échange de valeur et d'information à travers différentes blockchains.

Polkadot se distingue en tant que plateforme visant à connecter les blockchains grâce à son modèle de parachains, de bridges et d'interopérabilité. En reliant différentes blockchains et en permettant la communication transparente entre elles, Polkadot vise à créer un écosystème blockchain plus interconnecté et plus puissant pour soutenir une variété d'applications décentralisées.

14 - Structure d'un bloc expliquée

La structure d'un bloc est un élément fondamental de la technologie blockchain. Chaque bloc constitue une partie essentielle de la chaîne de blocs, enregistrant un ensemble de transactions et d'informations. Comprendre la structure d'un bloc est crucial pour saisir le fonctionnement et la sécurité de la blockchain.

Voici une explication détaillée de la structure d'un bloc dans une blockchain typique :

1. En-Tête du bloc : L'en-tête du bloc contient des informations essentielles sur le bloc lui-même. Ces informations comprennent :

 - Numéro de bloc : Un identifiant unique attribué à chaque bloc dans la séquence.

 - Horodatage : La date et l'heure à laquelle le bloc a été créé.

 - Méridien temporel : Un numéro unique utilisé pour éviter la manipulation du temps.

 - Racine de l'arbre de Merkle des transactions : Un hash cryptographique qui représente l'ensemble des transactions incluses dans le bloc.

 - Hash de l'en-tête précédent : Le hash du bloc précédent dans la chaîne, établissant ainsi la continuité de la chaîne de blocs.

 - Nonce : Un nombre aléatoire utilisé dans le processus de minage pour générer un hash valide.

2. Transactions : Le bloc contient un ensemble de transactions, chacune représentant un transfert d'actifs ou une opération spécifique sur la blockchain. Les détails de chaque transaction, tels que l'expéditeur, le destinataire, le montant et d'autres données pertinentes, sont enregistrés dans le bloc.

3. Preuve de Travail (PoW) ou Preuve d'Enjeu (PoS) : Selon le consensus utilisé par la blockchain, le bloc peut contenir une preuve de travail (PoW) ou une preuve d'enjeu (PoS) pour valider sa légitimité. Dans le cas de la PoW, il s'agit du résultat du calcul intensif effectué par les mineurs. Dans le cas de la PoS, il s'agit de la preuve de la possession d'actifs (jetons) par les validateurs.

4. Autres données : Certains blocs peuvent inclure des données supplémentaires, telles que des informations d'identification du mineur ou du validateur, des métadonnées sur les transactions ou d'autres données spécifiques à la blockchain.

5. Hash du bloc : Une fois que toutes les informations du bloc ont été rassemblées, elles sont hachées à l'aide d'une fonction de hachage cryptographique. Le hash du bloc est une représentation unique de toutes les données du bloc. Il sert d'identifiant du bloc et garantit que toute modification des données du bloc entraînera un changement de hash.

La structure d'un bloc dans une blockchain peut varier en fonction du protocole et de l'implémentation spécifique. Cependant, l'idée générale reste la même : chaque bloc enregistre un ensemble de transactions, contient des métadonnées et des informations d'identification, et est lié de manière cryptographique au bloc précédent pour former une chaîne inaltérable et sécurisée.

15 - Preuve de travail vs Preuve d'enjeu

La Preuve de Travail (PoW) et la Preuve d'Enjeu (PoS) sont deux mécanismes de consensus fondamentaux utilisés dans les blockchains pour valider et sécuriser les transactions. Chacun de ces mécanismes présente des caractéristiques uniques qui influencent la sécurité, l'efficacité énergétique et la décentralisation de la blockchain. Comprendre les différences entre la Preuve de Travail et la Preuve d'Enjeu est essentiel pour évaluer les avantages et les inconvénients de chaque approche.

La Preuve de Travail est le mécanisme de consensus le plus connu et est associé à la création du Bitcoin par Satoshi Nakamoto. Il repose sur la résolution de problèmes mathématiques complexes par les mineurs pour valider les transactions et ajouter des blocs à la chaîne de blocs.

Voici comment fonctionne la Preuve de Travail :

1. Calcul intensif : Les mineurs tentent de résoudre un problème cryptographique complexe, appelé "hash puzzle", en utilisant leur puissance de calcul informatique. Ce puzzle nécessite une grande quantité de puissance de calcul pour être résolu, mais la solution peut être facilement vérifiée par le réseau.

2. Compétition de minage : Les mineurs du réseau s'engagent dans une compétition pour résoudre le puzzle en premier. Le premier mineur à résoudre le puzzle a le droit d'ajouter un nouveau bloc à la chaîne et de recevoir une récompense sous forme de nouvelles cryptomonnaies.

3. Consommation d'énergie : La PoW est connue pour sa consommation énergétique élevée en raison de la nature intensivement calculatoire du processus de minage. Les mineurs doivent investir dans des matériels informatiques puissants pour avoir une chance de résoudre le puzzle en premier.

4. Sécurité : La PoW est considérée comme sécurisée car elle exige une grande quantité de puissance de calcul pour attaquer le réseau. La majorité des mineurs honnêtes est censée l'emporter sur les mineurs malveillants, ce qui rend difficile la modification rétroactive des blocs.

5. Décentralisation : Cependant, la PoW peut souffrir de problèmes de centralisation si de grands pools de minage dominent le réseau. Ces pools regroupent les ressources de nombreux mineurs, ce qui peut potentiellement compromettre la décentralisation.

La Preuve d'Enjeu est une alternative à la PoW, qui cherche à résoudre les problèmes de consommation énergétique élevée et de centralisation associés à la PoW. Au lieu de s'appuyer sur la puissance de calcul, la PoS repose sur la détention d'actifs (jetons) comme mécanisme de sécurité et de validation.

Voici comment fonctionne la Preuve d'Enjeu :

1. Détention d'actifs : Les participants au réseau (appelés "validateurs" plutôt que "mineurs") doivent "mettre en jeu" une certaine quantité de jetons comme garantie de leur comportement honnête. Cela signifie qu'ils ont une "enjeu" dans le bon fonctionnement du réseau.

2. Sélection des validateurs : Les validateurs sont sélectionnés pour ajouter un nouveau bloc à la chaîne en fonction de la quantité de jetons qu'ils ont en jeu. Plus un validateur a de jetons, plus il a de chances d'être choisi pour valider une transaction.

3. Récompenses et pénalités : Les validateurs reçoivent des récompenses sous forme de frais de transaction et de nouvelles cryptomonnaies en fonction de leur participation. En cas de comportement malveillant, les jetons mis en jeu peuvent être confisqués (pénalités).

4. Efficacité énergétique : Comparée à la PoW, la PoS est considérée comme plus efficace sur le plan énergétique, car elle ne nécessite pas une puissance de calcul intense. Cela réduit considérablement l'empreinte carbone de la blockchain.

5. Sécurité : Bien que certains puissent craindre que la PoS soit moins sécurisée que la PoW, elle a été conçue pour encourager les comportements honnêtes grâce aux enjeux financiers des validateurs.

6. Décentralisation : La PoS peut potentiellement améliorer la décentralisation, car elle réduit la dépendance à l'égard de matériels coûteux et favorise la participation d'un plus grand nombre de détenteurs de jetons.

La Preuve de Travail et la Preuve d'Enjeu sont deux mécanismes de consensus qui apportent des avantages et des inconvénients distincts. La PoW est réputée pour sa sécurité et sa décentralisation, mais elle peut être énergivore et sujette à la centralisation. La PoS offre une efficacité énergétique accrue et promeut la décentralisation, mais suscite des questions de sécurité. Le choix entre ces deux mécanismes dépend des priorités et des objectifs spécifiques d'une blockchain donnée.

16 - Contrats intelligents : fonctionnement

Les contrats intelligents sont l'une des innovations majeures rendues possibles par la technologie blockchain. Popularisés par Ethereum, les contrats intelligents sont des programmes informatiques auto-exécutables qui facilitent, vérifient ou exécutent automatiquement des accords et des transactions en ligne. Ils éliminent la nécessité d'intermédiaires et offrent des solutions efficaces, sécurisées et transparentes pour de nombreux domaines.

Voici comment fonctionnent les contrats intelligents :

1. Auto-exécution : Les contrats intelligents sont des scripts informatiques qui sont stockés sur la blockchain. Lorsque certaines conditions prédéfinies sont remplies, le contrat s'exécute automatiquement sans intervention humaine. Cela garantit l'exécution fiable et sans faille des accords.

2. Langages de programmation : Les contrats intelligents sont écrits dans des langages de programmation spécifiques à la blockchain. Solidity est le langage de programmation le plus couramment utilisé pour les contrats intelligents sur la blockchain Ethereum.

3. Conditions prédéfinies : Les contrats intelligents contiennent des conditions préprogrammées qui déterminent quand et comment ils s'exécutent. Par exemple, un contrat intelligent peut spécifier qu'une certaine somme d'argent doit être transférée à un destinataire lorsque certaines conditions sont remplies.

4. Automatisation des accords : Les contrats intelligents automatisent le processus d'exécution d'accords. Par exemple, un contrat intelligent de location peut automatiquement transférer les paiements mensuels du locataire au propriétaire lorsque la date d'échéance est atteinte.

5. Transparence : Une fois déployés sur la blockchain, les contrats intelligents deviennent immuables et transparents. Toutes les parties impliquées peuvent vérifier le code source et les conditions du contrat, éliminant ainsi les ambiguïtés et les litiges.

6. Validation cryptographique : Les contrats intelligents sont validés par le réseau de la blockchain grâce à des protocoles de consensus. Cela garantit que le contrat est exécuté conformément aux règles établies et que les résultats sont enregistrés de manière sécurisée.

7. Décentralisation : Les contrats intelligents fonctionnent sur une infrastructure décentralisée, ce qui signifie qu'ils sont hébergés et exécutés par de multiples nœuds de réseau, éliminant ainsi les points de défaillance uniques.

8. Réduction des frais : Les contrats intelligents peuvent réduire les frais associés aux intermédiaires traditionnels tels que les avocats et les notaires. Ils automatisent les processus et les paiements, ce qui peut réduire les coûts.

9. Possibilités d'applications : Les contrats intelligents ont des applications diverses, allant des transactions financières, aux systèmes de vote électronique, en passant par la gestion de la chaîne d'approvisionnement et la propriété intellectuelle.

10. Limites : Malgré leurs avantages, les contrats intelligents ne sont pas infaillibles. Les erreurs de programmation peuvent entraîner des vulnérabilités, et les contrats ne peuvent pas interagir avec des informations externes qui ne sont pas sur la blockchain.

Les contrats intelligents sont des programmes informatiques auto-exécutables qui automatisent l'exécution d'accords et de transactions sur la blockchain. Ils offrent des avantages tels que l'automatisation, la transparence, la décentralisation et la réduction des frais, mais nécessitent une programmation minutieuse pour garantir leur sécurité et leur bon fonctionnement.

17 - Sécurité de la blockchain

La sécurité est l'une des caractéristiques fondamentales des blockchains, car elle garantit l'intégrité, la confidentialité et la fiabilité des données enregistrées. Les mécanismes de sécurité de la blockchain sont conçus pour empêcher la manipulation, la falsification et les attaques malveillantes.

1. Cryptographie : La cryptographie est au cœur de la sécurité de la blockchain. Les données sont chiffrées à l'aide de fonctions de hachage et de clés cryptographiques, ce qui rend les transactions et les blocs pratiquement impossibles à altérer sans détection.

2. Structure de blocs : Chaque bloc contient un hash du bloc précédent dans la chaîne. Cela crée un lien cryptographique entre les blocs, rendant difficile la modification rétroactive d'un bloc sans invalider tous les blocs suivants.

3. Consensus : Les mécanismes de consensus, comme la Preuve de Travail (PoW) et la Preuve d'Enjeu (PoS), garantissent que les transactions sont confirmées par le réseau et ajoutées à la chaîne de manière sécurisée. Les protocoles de consensus évitent les doubles dépenses et les fraudes.

4. Immuabilité : Une fois enregistrées sur la blockchain, les données deviennent immuables. Une fois qu'une transaction est confirmée et ajoutée à la chaîne, elle ne peut pas être modifiée sans le consensus de la majorité du réseau.

5. Décentralisation : La décentralisation répartit la puissance de calcul et de décision entre de nombreux nœuds du réseau. Cela rend les attaques difficiles, car un attaquant devrait contrôler une majorité du réseau pour réussir.

6. Attaques à 51% : Dans une attaque à 51%, un attaquant prendrait le contrôle de plus de la moitié de la puissance de calcul du réseau (PoW) ou de plus de la moitié des jetons en jeu (PoS). Cela lui permettrait de manipuler les transactions, mais c'est difficile à réaliser à grande échelle.

7. Attaques Sybil : Les attaques Sybil impliquent qu'un attaquant crée de nombreux nœuds ou identités pour tenter de fausser le consensus ou d'attaquer le réseau. La décentralisation et les mécanismes de consensus visent à réduire l'efficacité de telles attaques.

8. Smart Contracts sécurisés : Les smart contracts doivent être minutieusement programmés et audités pour éviter les vulnérabilités. Une fois déployés, ils sont immuables, ce qui souligne l'importance d'une programmation sûre.

9. Confidentialité : Certaines blockchains mettent en œuvre des techniques pour protéger la confidentialité des données, comme le chiffrement homomorphe, qui permet l'exécution de calculs sur des données chiffrées sans les déchiffrer.

10. Audit et mises à jour : Les protocoles de blockchain sont régulièrement audités pour identifier les vulnérabilités et les failles de sécurité. Les mises à jour du logiciel sont effectuées pour résoudre les problèmes de sécurité découverts.

La sécurité de la blockchain repose sur des principes de cryptographie, de consensus, de décentralisation et d'immuabilité. La combinaison de ces mécanismes garantit que les données enregistrées sur la blockchain sont fiables, sécurisées et résistantes aux attaques malveillantes. Cependant, il est important de noter que même avec ces mécanismes de sécurité, aucune technologie n'est totalement à l'abri des risques, et la vigilance et la mise à jour continue sont essentielles pour maintenir l'intégrité de la blockchain.

18 - Acheter des cryptomonnaies

Acheter des cryptomonnaies est devenu une activité de plus en plus répandue à mesure que l'intérêt pour les actifs numériques a augmenté. Cependant, il est important de comprendre les étapes et les considérations impliquées dans le processus d'achat de cryptomonnaies pour assurer une expérience sûre et réussie.

1. Choix de la plateforme : La première étape consiste à choisir une plateforme d'échange de cryptomonnaies où vous pouvez acheter, vendre et stocker vos actifs numériques. Il existe de nombreuses plateformes réputées telles que Coinbase, Binance, Kraken, et bien d'autres.

2. Création d'un compte : Une fois que vous avez choisi une plateforme, vous devrez créer un compte. Cela implique généralement de fournir des informations personnelles, de vérifier votre identité et de mettre en place des mesures de sécurité telles que l'authentification à deux facteurs.

3. Vérification de compte : Certaines plateformes peuvent nécessiter une vérification plus approfondie de votre identité pour se conformer aux réglementations en matière de lutte contre le blanchiment d'argent (AML) et de connaissance de votre client (KYC).

4. Dépôt de fonds : Une fois votre compte vérifié, vous devrez ajouter des fonds à votre compte. Cela peut être fait en transférant de la monnaie fiduciaire (comme l'euro, le dollar) depuis votre compte bancaire ou en utilisant d'autres méthodes de paiement acceptées par la plateforme.

5. Sélection de cryptomonnaies : Sur la plateforme, vous pouvez choisir parmi une variété de cryptomonnaies disponibles à l'achat. Les plus populaires incluent Bitcoin

(BTC), Ethereum (ETH), et bien d'autres. Vous pouvez également acheter des fractions de cryptomonnaies.

6. Passer une commande : Vous pouvez passer une commande d'achat en spécifiant la quantité de cryptomonnaie que vous souhaitez acheter et à quel prix. Il existe différents types d'ordres, tels que les ordres au marché (au prix actuel) et les ordres limités (à un prix spécifique).

7. Confirmation de l'achat : Une fois que votre commande est passée, la plateforme confirmera l'achat et débitera les fonds de votre compte. Vous verrez les cryptomonnaies achetées dans votre portefeuille sur la plateforme.

8. Sécurité des cryptomonnaies : Il est recommandé de transférer vos cryptomonnaies depuis la plateforme d'échange vers un portefeuille sécurisé que vous contrôlez. Les portefeuilles matériels (hardware wallets) offrent un niveau de sécurité supplémentaire en stockant vos actifs hors ligne.

9. Suivi et gestion : Après avoir acheté des cryptomonnaies, vous pouvez les suivre dans votre portefeuille et surveiller leur valeur. Assurez-vous de suivre les développements du marché et de prendre des décisions éclairées.

10. Conseils importants :

  - Faites des recherches sur les cryptomonnaies que vous souhaitez acheter pour comprendre leurs cas d'utilisation et leur potentiel.

  - Utilisez des mots de passe forts et activez l'authentification à deux facteurs pour sécuriser votre compte.

- N'investissez que ce que vous pouvez vous permettre de perdre, car le marché des cryptomonnaies peut être volatile.

- Soyez conscient des escroqueries et des tentatives d'hameçonnage. Ne partagez jamais vos informations sensibles.

Acheter des cryptomonnaies implique de choisir une plateforme d'échange, de créer un compte, de vérifier votre identité, de déposer des fonds, de passer une commande, et de sécuriser vos actifs dans un portefeuille approprié. Il est important d'être informé et vigilant pour prendre des décisions éclairées et sécurisées dans le monde des cryptomonnaies.

19 - Stratégies de trading pour les débutants

Les stratégies de trading pour débutants dans le monde des cryptomonnaies nécessitent une approche prudente, informée et disciplinée. Les marchés des cryptomonnaies peuvent être extrêmement volatils, ce qui signifie qu'il est important de comprendre les bases du trading et de développer une stratégie adaptée à votre niveau de connaissance et à votre tolérance au risque.

1. Éducation : Avant de commencer à trader, prenez le temps d'apprendre les bases des cryptomonnaies, des marchés financiers et des concepts de trading. Comprenez les termes clés, les graphiques de prix, les tendances et les indicateurs techniques.

2. Fixez des objectifs : Définissez clairement vos objectifs de trading. Voulez-vous réaliser des gains à court terme ou préférez-vous une approche à plus long terme ? Avoir des objectifs clairs vous aidera à prendre des décisions éclairées.

3. Choisissez une stratégie : Il existe différentes stratégies de trading, notamment le day trading, le swing trading et l'investissement à long terme. Chacune a ses avantages et ses inconvénients. Choisissez celle qui correspond le mieux à vos compétences, à votre emploi du temps et à votre tolérance au risque.

4. Gestion du risque : La gestion du risque est essentielle pour protéger votre capital. Ne risquez jamais plus que ce que vous pouvez vous permettre de perdre dans un seul trade. Utilisez des ordres stop-loss pour limiter les pertes.

5. Analyse technique : L'analyse technique consiste à étudier les graphiques de prix et à utiliser des indicateurs techniques pour identifier les tendances et les signaux d'achat ou de vente. Apprenez les bases de l'analyse technique pour prendre des décisions plus éclairées.

6. Diversification : Évitez de mettre tous vos œufs dans le même panier en diversifiant vos investissements. Ne misez pas tout sur une seule cryptomonnaie. Cela réduit le risque en cas de fluctuations imprévues.

7. Suivi des actualités : Les actualités et les événements du marché peuvent avoir un impact significatif sur les prix des cryptomonnaies. Restez informé des développements importants pour anticiper les mouvements du marché.

8. Évitez les émotions : Les émotions peuvent être dangereuses dans le trading. Évitez de prendre des décisions impulsives en fonction de la peur ou de l'excitation. Suivez votre stratégie de trading de manière disciplinée.

9. Pratiquez avec prudence : Avant de risquer des sommes importantes, considérez le trading virtuel (paper trading) pour vous familiariser avec la plateforme d'échange et les stratégies sans risquer de l'argent réel.

10. Apprentissage continu : Les marchés évoluent constamment. Continuez à apprendre et à améliorer vos compétences en trading. Adaptez vos stratégies en fonction des conditions changeantes du marché.

Les stratégies de trading pour débutants dans les cryptomonnaies impliquent l'éducation, la détermination d'objectifs, la sélection d'une stratégie adaptée, la gestion du risque, l'analyse technique, la diversification et la discipline émotionnelle. Il est important de commencer petit, de ne pas prendre de risques excessifs et de se rappeler que le trading comporte des risques.

20 - Analyse technique vs fondamentale

L'analyse technique et l'analyse fondamentale sont deux approches différentes utilisées pour évaluer les marchés financiers, y compris les marchés des cryptomonnaies. Chacune de ces approches offre des perspectives uniques sur les prix, les tendances et les opportunités d'investissement. Comprendre les différences entre l'analyse technique et l'analyse fondamentale peut aider les traders et les investisseurs à prendre des décisions éclairées.

L'analyse technique repose sur l'étude des graphiques de prix et l'utilisation d'indicateurs techniques pour prévoir les mouvements futurs des actifs.

1. Graphiques de prix : Les analystes techniques examinent les graphiques de prix historiques pour identifier les tendances, les modèles de prix et les niveaux de support et de résistance.

2. Indicateurs techniques : Les indicateurs techniques, tels que les moyennes mobiles, les bandes de Bollinger, le RSI (Relative Strength Index) et le MACD (Moving Average Convergence Divergence), sont utilisés pour identifier les signaux d'achat et de vente.

3.Tendances : L'analyse technique se concentre sur l'identification et la confirmation des tendances actuelles. Les traders techniques cherchent à profiter des mouvements de prix à court terme.

4. Psychologie du marché : L'analyse technique prend en compte la psychologie du marché et la réaction des traders aux niveaux de prix clés et aux modèles de prix.

5. Limites : L'analyse technique peut ignorer les facteurs fondamentaux et ne pas prendre en compte les événements externes susceptibles d'affecter les marchés.

L'analyse fondamentale implique l'évaluation des facteurs économiques, financiers et géopolitiques qui influencent la valeur intrinsèque d'un actif.

1. Données fondamentales : Les analystes fondamentaux examinent les données économiques, les rapports financiers, les nouvelles économiques et les développements géopolitiques pour évaluer l'actif.

2. Valorisation : L'analyse fondamentale cherche à déterminer si un actif est surévalué ou sous-évalué en comparant sa valeur intrinsèque à son prix actuel.

3. Facteurs externes : Les facteurs externes tels que les politiques monétaires, les taux d'intérêt, les nouvelles économiques et les réglementations gouvernementales sont pris en compte.

4. Investissement à long terme : L'analyse fondamentale est souvent utilisée pour des investissements à long terme, car elle se concentre sur la valeur à long terme d'un actif.

5. Limites : L'analyse fondamentale peut prendre du temps et ne tient pas compte des mouvements de prix à court terme basés sur la psychologie du marché.

En résumé, l'analyse technique se concentre sur les graphiques de prix et les indicateurs techniques pour identifier les tendances et les mouvements de prix à court terme. L'analyse fondamentale évalue les données économiques et les facteurs externes pour déterminer la valeur intrinsèque à long terme d'un actif. Les deux approches ont leurs avantages et leurs inconvénients, et de nombreux traders et investisseurs utilisent une combinaison des deux pour prendre des décisions éclairées.

21 - Risques du trading de cryptomonnaies

Le trading de cryptomonnaies offre des opportunités potentiellement lucratives, mais il est également associé à divers risques importants. Il est crucial de comprendre ces risques avant de s'engager dans le trading de cryptomonnaies, car cela peut vous aider à prendre des décisions éclairées et à mettre en place des stratégies pour atténuer ces risques.

1. Volatilité élevée : Les marchés des cryptomonnaies sont extrêmement volatils, avec des fluctuations de prix importantes en très peu de temps. Cela peut conduire à des gains élevés, mais aussi à des pertes substantielles.

2. Pertes financières : En raison de la volatilité, il est possible de subir des pertes financières importantes en un court laps de temps. Il est crucial de n'investir que ce que vous pouvez vous permettre de perdre.

3. Liquidité limitée : Certaines cryptomonnaies peuvent avoir une faible liquidité, ce qui signifie que vous pourriez avoir du mal à acheter ou à vendre des actifs rapidement sans affecter le prix.

4. Sécurité des plateformes : Les plateformes d'échange peuvent être vulnérables aux piratages et aux attaques, entraînant le vol de fonds. Il est important de choisir des plateformes réputées et de mettre en place des mesures de sécurité solides.

5. Risque de régulation : Les réglementations concernant les cryptomonnaies peuvent varier d'un pays à l'autre et évoluer rapidement. Les nouvelles réglementations peuvent avoir un impact sur les marchés et les opérations.

6. Erreurs humaines : Les erreurs de trading, comme passer des ordres incorrects ou mal évalués, peuvent conduire à des pertes. Une compréhension solide des outils de trading est essentielle.

7. Arnaques et escroqueries : L'univers des cryptomonnaies est propice aux arnaques et aux escroqueries. Soyez vigilant face aux projets d'investissement qui semblent trop beaux pour être vrais.

8. FOMO et FUD : La peur de rater (FOMO) et la peur, l'incertitude et le doute (FUD) sont des émotions qui peuvent influencer vos décisions de trading de manière irrationnelle.

9. Manque de régulation : Le manque de régulation dans l'espace des cryptomonnaies peut rendre difficile la résolution de litiges et la récupération de fonds en cas de problème.

10. Défaillances technologiques : Les pannes techniques sur les plateformes d'échange ou les problèmes liés aux portefeuilles peuvent empêcher l'accès à vos actifs ou entraîner des pertes.

11. Mauvais conseils : Suivre aveuglément des conseils de trading non fiables peut entraîner des pertes financières. Faites vos propres recherches et prenez des décisions éclairées.

12. Psychologie du trading : Les émotions comme la cupidité et la peur peuvent nuire à vos décisions de trading. Une approche rationnelle et disciplinée est essentielle.

Le trading de cryptomonnaies comporte des risques significatifs en raison de la volatilité, de la sécurité, des réglementations changeantes et d'autres facteurs. Il est crucial de comprendre ces risques, de faire des recherches approfondies, de mettre en place des mesures de sécurité solides et de développer une approche disciplinée pour minimiser les risques et maximiser les chances de succès dans le trading de cryptomonnaies.

22 - Processus de minage décrypté

Le minage de cryptomonnaies est le processus par lequel de nouvelles unités de cryptomonnaie sont créées et ajoutées à la blockchain. C'est une composante essentielle du fonctionnement de nombreuses cryptomonnaies, en particulier celles basées sur la Preuve de Travail (PoW).

1. Création de nouveaux blocs : Le processus de minage commence par la création d'un nouveau bloc sur la blockchain. Un bloc est un ensemble de transactions en attente d'ajout à la chaîne.

2. Sélection des transactions : Les mineurs choisissent les transactions à inclure dans le bloc en fonction des frais de transaction et d'autres critères. Les transactions avec des frais plus élevés ont plus de chances d'être sélectionnées.

3. Résolution de preuve de travail : Dans le cas de la Preuve de Travail, les mineurs résolvent des problèmes mathématiques complexes, également appelés preuves de travail. La résolution nécessite une puissance de calcul élevée et demande du temps et de l'énergie.

4. Compétition minière : Les mineurs du réseau rivalisent pour résoudre le problème mathématique en premier. Celui qui réussit en premier à résoudre le problème peut créer un nouveau bloc et l'ajouter à la blockchain.

5. Vérification et consensus : Une fois qu'un mineur résout le problème, il diffuse la solution à l'ensemble du réseau. Les autres mineurs vérifient la validité de la solution. Si elle est correcte, le nouveau bloc est ajouté à la blockchain, et les transactions qu'il contient sont confirmées.

6. Récompense minière : En récompense de leur travail et de leurs dépenses en puissance de calcul et en énergie, le mineur qui résout le problème reçoit une récompense sous forme de nouvelles unités de cryptomonnaie. C'est ainsi que de nouvelles cryptomonnaies sont créées et mises en circulation.

7. Difficulté de minage : La difficulté des problèmes mathématiques à résoudre est ajustée automatiquement pour maintenir un rythme de création de blocs cohérent. Si la puissance de calcul du réseau augmente, la difficulté augmente également.

8. Sécurité de la blockchain : Le processus de minage est crucial pour la sécurité de la blockchain, car il rend extrêmement coûteux et difficile de modifier les blocs précédents. Plus il y a de mineurs participant au processus, plus la blockchain est sécurisée.

9. Consommation d'énergie : Le minage, en particulier dans le cas de la PoW, peut être énergivore en raison de la puissance de calcul nécessaire pour résoudre les preuves de travail. Cela a suscité des préoccupations environnementales et a conduit au développement de mécanismes de consensus plus économes en énergie.

10. Évolution du minage : Certains projets de cryptomonnaies, comme Ethereum, migrent vers d'autres mécanismes de consensus tels que la Preuve d'Enjeu (PoS), qui réduit la nécessité de puissance de calcul élevée.

Le processus de minage de cryptomonnaies implique la sélection de transactions, la résolution de preuves de travail complexes, la compétition entre mineurs pour créer de nouveaux blocs, la vérification et la récompense minière. Le minage est essentiel pour la sécurité et la décentralisation des blockchains basées sur la Preuve de Travail, mais il a également des implications environnementales et énergétiques.

23 - Pools de minage : travail en groupe

Les pools de minage sont des groupes de mineurs qui collaborent pour résoudre les problèmes de preuve de travail et partager les récompenses de manière équitable. Le minage en groupe, également appelé minage par pool, est une méthode populaire pour les mineurs individuels qui souhaitent augmenter leurs chances de gagner des récompenses plus régulières et stables.

1. Formation du pool : Un pool de minage est créé par une plateforme ou un individu. Les mineurs intéressés rejoignent le pool en s'y inscrivant et en contribuant à la puissance de calcul collective.

2. Distribution du travail : Au lieu de résoudre individuellement des preuves de travail, les mineurs du pool collaborent pour résoudre un problème de preuve de travail. Le pool divise le problème en petites parties et attribue ces parties aux mineurs.

3. Puissance de calcul collective : En travaillant ensemble, les mineurs du pool combinent leur puissance de calcul pour augmenter les chances de résoudre le problème plus rapidement que s'ils travaillaient séparément.

4. Récompenses partagées : Lorsqu'un mineur du pool réussit à résoudre le problème de preuve de travail, la récompense est partagée entre tous les mineurs du pool en fonction de leur contribution de puissance de calcul.

5. Régularité des récompenses : Les mineurs individuels peuvent trouver des blocs seuls, mais cela peut prendre beaucoup de temps en raison de la difficulté élevée des problèmes. Les pools de minage offrent des récompenses plus régulières et prévisibles.

6. Frais du pool : En échange de la facilitation du processus de minage et de la distribution des récompenses, les pools prélèvent généralement des frais sur les récompenses des mineurs. Ces frais varient d'un pool à l'autre.

7. Choix du pool : Il existe de nombreux pools de minage disponibles, chacun avec ses propres caractéristiques, frais et méthodes de paiement. Les mineurs doivent choisir un pool réputé et fiable.

8. Centralisation potentielle : Bien que les pools de minage permettent aux mineurs individuels de gagner des récompenses de manière plus régulière, ils peuvent également contribuer à la centralisation, car un petit nombre de grands pools peuvent détenir une part importante du pouvoir de calcul.

9. Variétés de cryptomonnaies : Il existe des pools de minage pour diverses cryptomonnaies, permettant aux mineurs de choisir le pool qui correspond à la cryptomonnaie qu'ils souhaitent miner.

10. Changement de pool : Les mineurs peuvent changer de pool à tout moment, mais cela peut affecter la régularité des récompenses, car ils devront peut-être s'adapter aux méthodes de paiement et aux seuils minimaux de récompense du nouveau pool.

Les pools de minage sont des groupes de mineurs qui collaborent pour résoudre des problèmes de preuve de travail et partager les récompenses. Les pools offrent des récompenses plus régulières et stables, mais ils peuvent également contribuer à la centralisation. Les mineurs doivent choisir des pools réputés et considérer les frais, les méthodes de paiement et d'autres facteurs avant de rejoindre un pool spécifique.

24 - Evolution des algorithmes de consensus

L'évolution des algorithmes de consensus joue un rôle crucial dans le développement et l'amélioration des blockchains et des cryptomonnaies. Les algorithmes de consensus déterminent la manière dont les transactions sont validées et ajoutées à la blockchain, ainsi que la sécurité et l'efficacité du réseau. Voici comment les algorithmes de consensus ont évolué au fil du temps :

Preuve de Travail (PoW) : Le PoW est l'algorithme de consensus utilisé par Bitcoin et de nombreuses autres cryptomonnaies pionnières. Dans ce système, les mineurs résolvent des problèmes mathématiques complexes pour valider les transactions et ajouter des blocs à la blockchain. Le premier mineur à résoudre le problème gagne le droit d'ajouter le bloc et est récompensé en nouvelles unités de cryptomonnaie. Bien que sécurisé, le PoW est énergivore et peut entraîner une centralisation de la puissance de calcul.

Preuve d'Enjeu (PoS) : Pour résoudre les problèmes d'énergie et de centralisation, la Preuve d'Enjeu a été proposée. Dans ce système, les validateurs (stakers) bloquent une certaine quantité de cryptomonnaie comme "enjeu" pour avoir le droit de valider les transactions et d'ajouter des blocs. Le choix des validateurs est basé sur la quantité d'enjeu détenue. Cela réduit la consommation d'énergie et encourage la détention à long terme, mais pose des défis en termes de sécurité et de centralisation potentielle.

Preuve de Participation (DPoS) : Une variation de la PoS est la Preuve de Participation Delegated (DPoS). Dans ce système, les détenteurs d'enjeu élisent un petit nombre de nœuds de validation qui agissent en leur nom. Ces nœuds sont responsables de la validation des transactions et de l'ajout de blocs. Cela améliore l'efficacité et la rapidité du réseau, mais introduit également des questions de centralisation.

Preuve de Capacité (PoC) : Les algorithmes de Preuve de Capacité exigent que les mineurs prouvent leur engagement envers le réseau en allouant de l'espace de stockage. Plus l'espace de stockage alloué est grand, plus les chances de validation des transactions et de récompenses sont élevées. Cela permet une utilisation plus efficace des ressources par rapport à la PoW, mais peut favoriser ceux qui ont déjà des ressources importantes.

Preuve d'Histoire (PoH) : La Preuve d'Histoire est un algorithme de consensus basé sur la création d'un registre chronologique. Il est utilisé dans certaines nouvelles cryptomonnaies pour valider les transactions en se basant sur l'ordre chronologique des événements, sans nécessiter une puissance de calcul élevée.

Preuve de Temps (PoT) : La Preuve de Temps est un élément clé dans de nombreux algorithmes de consensus, indépendamment du type. Elle garantit que les validateurs ou mineurs ont consacré un certain temps à accomplir une tâche spécifique, augmentant ainsi la sécurité et la confiance dans le réseau.

Hybrides et Nouvelles Approches : De nombreux projets de cryptomonnaies développent des approches hybrides ou inventent de nouveaux types d'algorithmes de consensus pour résoudre les limitations des modèles existants. Par exemple, l'Hybrid PoW/PoS combine les avantages des deux systèmes pour maximiser la sécurité et l'efficacité.

L'évolution des algorithmes de consensus reflète la recherche constante de solutions pour améliorer la sécurité, l'efficacité et la décentralisation des blockchains et des cryptomonnaies. Chaque algorithme présente des avantages et des inconvénients, et le choix dépend souvent des objectifs spécifiques du projet et de la communauté qui le soutient.

25 - Portefeuilles chauds vs froids

Les portefeuilles chauds et froids sont deux méthodes de stockage de cryptomonnaies, chacune ayant ses avantages et ses inconvénients en termes de sécurité et d'accessibilité. Comprendre la différence entre les portefeuilles chauds et froids est essentiel pour protéger vos actifs numériques.

Les portefeuilles chauds sont des portefeuilles en ligne ou connectés à Internet. Ils sont pratiques pour accéder rapidement à vos cryptomonnaies et effectuer des transactions, mais ils sont également plus vulnérables aux attaques en ligne.

1. Accessibilité facile : Les portefeuilles chauds sont accessibles via des applications en ligne, des applications mobiles ou des plateformes d'échange. Ils permettent de gérer facilement vos actifs numériques et de réaliser des transactions rapidement.

2. Confort pour le trading : Les portefeuilles chauds sont pratiques si vous avez l'intention de trader fréquemment, car ils offrent un accès rapide aux fonds nécessaires pour des achats et des ventes rapides.

3. Risques de sécurité : Les portefeuilles chauds sont plus vulnérables aux attaques en ligne telles que les piratages et les logiciels malveillants. Si la plateforme en ligne est compromise, vos fonds pourraient être en danger.

4. Recommandé pour de petites sommes : Les portefeuilles chauds sont recommandés pour stocker de petites quantités de cryptomonnaies que vous prévoyez d'utiliser à court terme.

Les portefeuilles froids, également appelés portefeuilles hors ligne, sont des dispositifs ou des supports physiques déconnectés d'Internet. Ils offrent une sécurité maximale en gardant vos clés privées hors de portée des cyberattaques.

1. Isolation des clés privées : Les portefeuilles froids stockent les clés privées hors ligne, ce qui les rend pratiquement invulnérables aux attaques en ligne.

2. Sécurité maximale : Les portefeuilles froids sont considérés comme la méthode la plus sûre pour stocker vos cryptomonnaies, car ils réduisent considérablement les risques de piratage et de vol.

3. Moins pratiques : Les portefeuilles froids sont moins pratiques que les portefeuilles chauds, car ils nécessitent plus d'étapes pour accéder à vos fonds et effectuer des transactions.

4. Stockage à long terme : Les portefeuilles froids sont recommandés pour le stockage à long terme de grandes quantités de cryptomonnaies que vous n'avez pas l'intention de trader régulièrement.

En résumé, les portefeuilles chauds offrent une accessibilité et une praticité accrues pour les transactions quotidiennes, mais ils sont plus vulnérables aux risques de sécurité en ligne. Les portefeuilles froids, bien que moins pratiques, offrent une sécurité maximale en stockant vos clés privées hors ligne. Le choix entre les deux dépend de vos besoins, de la quantité de cryptomonnaies que vous détenez et de votre tolérance au risque. De nombreux utilisateurs optent pour une combinaison des deux pour équilibrer accessibilité et sécurité.

26 - Sécurité des cryptomonnaies : bonnes pratiques

La sécurité des cryptomonnaies est d'une importance primordiale pour éviter les pertes, les piratages et les vols. En suivant les bonnes pratiques de sécurité, vous pouvez protéger vos actifs numériques et avoir la tranquillité d'esprit.

1. Utilisez des portefeuilles fiables : Utilisez des portefeuilles de cryptomonnaies réputés et bien évalués pour stocker vos actifs. Évitez de stocker d'importantes sommes sur des plateformes d'échange.

2. Portefeuilles froids : Utilisez des portefeuilles froids (hors ligne) pour stocker de grandes quantités de cryptomonnaies. Ils offrent une protection maximale contre les piratages en gardant vos clés privées hors ligne.

3. Sauvegardez vos clés privées : Sauvegardez vos clés privées et codes de récupération dans un endroit sûr et déconnecté d'Internet. Ne stockez jamais vos clés sur des appareils connectés.

4. Utilisez l'authentification à deux facteurs (2FA) : Activez l'authentification à deux facteurs partout où c'est possible. Cela ajoute une couche de sécurité supplémentaire en demandant une deuxième vérification lors de la connexion.

5. Mises à jour et sécurité du système : Maintenez à jour les logiciels de vos portefeuilles et dispositifs de stockage. Utilisez un système d'exploitation sécurisé et gardez votre ordinateur et vos appareils protégés par des logiciels antivirus.

6. Évitez les Wi-Fi publics : Évitez de vous connecter à des réseaux Wi-Fi publics non sécurisés lorsque vous accédez à vos portefeuilles ou effectuez des transactions.

7. Soyez méfiant en ligne : Méfiez-vous des liens et des courriels suspects. Évitez de cliquer sur des liens non vérifiés et ne partagez jamais vos informations personnelles en ligne.

8. Stockage sûr : Si vous imprimez vos clés privées ou codes de récupération, gardez-les en lieu sûr, loin des regards indiscrets et des risques d'incendie ou d'inondation.

9. Évitez le phishing : Soyez conscient des tentatives de phishing, où des acteurs malveillants tentent de vous tromper pour obtenir vos informations sensibles. Vérifiez toujours l'URL du site avant d'entrer des informations.

10. Diversification : Ne stockez pas toutes vos cryptomonnaies au même endroit. Diversifiez vos portefeuilles et vos méthodes de stockage pour réduire les risques.

11. Éducation continue : Restez informé sur les dernières techniques de sécurité et les menaces émergentes liées aux cryptomonnaies.

12. Utilisez des VPN : Si vous accédez à vos portefeuilles ou à vos échanges en ligne, envisagez d'utiliser un réseau privé virtuel (VPN) pour chiffrer votre connexion et renforcer votre sécurité en ligne.

En suivant ces bonnes pratiques de sécurité, vous pouvez réduire considérablement les risques associés à la détention et à la gestion de cryptomonnaies. Gardez à l'esprit que la sécurité est un processus continu et qu'il est important de rester vigilant face aux nouvelles menaces et aux meilleures pratiques émergentes.

27 - Portefeuilles matériels : stockage à froid

Les portefeuilles matériels, également connus sous le nom de portefeuilles de stockage à froid, sont des dispositifs physiques conçus pour sécuriser vos cryptomonnaies en les gardant déconnectées d'Internet. Ils offrent un niveau élevé de sécurité en empêchant les attaques en ligne et en protégeant vos clés privées hors de portée des pirates informatiques.

Voici comment fonctionnent les portefeuilles matériels et pourquoi ils sont considérés comme une option de stockage à froid sécurisée :

Fonctionnement des portefeuilles matériels

1. Clés Privées Hors Ligne : Les portefeuilles matériels stockent vos clés privées hors ligne, ce qui signifie qu'elles ne sont jamais exposées à Internet ou à un réseau vulnérable.

2. Signature des transactions : Lorsque vous effectuez une transaction, le portefeuille matériel signe la transaction hors ligne. La transaction signée peut ensuite être diffusée sur le réseau à partir d'un ordinateur ou d'un appareil en ligne, sans divulguer vos clés privées.

3. Sécurité physique : Les portefeuilles matériels sont conçus avec des mesures de sécurité robustes pour résister aux tentatives de piratage physique, comme la présence de puces de sécurité et de codes PIN.

4. Interface d'utilisation : Les portefeuilles matériels ont généralement un petit écran et des boutons physiques pour gérer les transactions et afficher les informations. Cela permet de vérifier les détails des transactions directement sur le dispositif.

5. Compatibilité : Les portefeuilles matériels sont compatibles avec différentes cryptomonnaies et tokens. Ils offrent une solution de stockage sécurisée pour divers actifs numériques.

Avantages des portefeuilles matériels

1. Sécurité maximale : Les portefeuilles matériels offrent un niveau de sécurité extrêmement élevé en gardant vos clés privées déconnectées d'Internet et en minimisant les risques de piratage.

2. Protection contre les logiciels malveillants : Étant donné que les transactions sont signées hors ligne, les logiciels malveillants en ligne n'ont pas la possibilité de voler vos clés privées.

3. Facilité d'utilisation : Les portefeuilles matériels sont conçus pour être conviviaux, avec des interfaces simples et intuitives qui vous guident à travers les processus de transaction et de gestion.

4. Stockage à long terme : Les portefeuilles matériels sont idéaux pour le stockage à long terme de vos cryptomonnaies, car ils réduisent les risques liés à l'exposition en ligne.

Limitations des Portefeuilles Matériels

1. Coût : Les portefeuilles matériels ont un coût initial, mais cela peut être considéré comme un investissement pour la sécurité de vos actifs.

2. Accessibilité : En raison de leur nature déconnectée, les portefeuilles matériels peuvent être moins pratiques pour effectuer des transactions fréquentes.

3. Perte ou vol : Si vous perdez le portefeuille matériel ou s'il est volé, vous pourriez perdre l'accès à vos cryptomonnaies si vous n'avez pas de sauvegarde de récupération.

Les portefeuilles matériels offrent un niveau élevé de sécurité en stockant vos clés privées hors ligne. Ils sont recommandés pour le stockage à long terme de grandes quantités de cryptomonnaies que vous n'avez pas l'intention de trader régulièrement. Les portefeuilles matériels sont une option solide pour les personnes soucieuses de la sécurité de leurs actifs numériques.

28 - Attaques contre les portefeuilles

Les portefeuilles de cryptomonnaies sont constamment exposés à diverses menaces et attaques potentielles de la part de cybercriminels cherchant à voler vos précieux actifs numériques. L'une des attaques courantes est le phishing, où des attaquants créent des sites web et des courriels frauduleux qui ressemblent à ceux de services légitimes. Leur objectif est de vous inciter à divulguer vos informations sensibles, telles que vos clés privées et vos mots de passe. Pour vous prémunir contre cette menace, il est crucial de vérifier attentivement les URL des sites que vous visitez, d'éviter de cliquer sur des liens suspects et de ne jamais partager vos informations confidentielles sur des sites non vérifiés.

Les logiciels malveillants représentent une autre menace majeure pour la sécurité de vos portefeuilles. Les cybercriminels peuvent diffuser des logiciels malveillants via des téléchargements suspects, des pièces jointes de courriels infectés ou des sites web compromis. Une fois infecté, votre ordinateur ou appareil peut être utilisé pour voler vos clés privées et d'autres informations sensibles. Pour vous protéger contre les logiciels malveillants, utilisez des logiciels antivirus et antimalwares fiables, évitez de télécharger des fichiers douteux et assurez-vous que vos portefeuilles et systèmes d'exploitation sont toujours à jour.

Les attaques de force brute sont une autre menace potentielle. Dans ce scénario, les attaquants essaient de deviner vos mots de passe en utilisant toutes les combinaisons possibles jusqu'à ce qu'ils réussissent à accéder à votre portefeuille. Pour éviter cela, choisissez des mots de passe forts et complexes, combinant lettres majuscules et minuscules, chiffres et symboles. Évitez d'utiliser des mots de passe évidents comme des dates de naissance ou des noms de famille.

Enfin, les attaques ciblant les plateformes d'échange et les portefeuilles en ligne sont également une préoccupation majeure. Les plateformes d'échange centralisées peuvent être vulnérables aux piratages, entraînant la perte de fonds pour de nombreux utilisateurs. Pour minimiser ce risque, préférez stocker vos cryptomonnaies dans des portefeuilles matériels ou des portefeuilles hors ligne, où vous avez un contrôle total sur vos clés privées.

La sécurité de vos portefeuilles de cryptomonnaies est d'une importance cruciale. En comprenant les différentes attaques potentielles, vous pouvez prendre des mesures pour protéger vos actifs numériques. Utilisez des méthodes de stockage à froid, adoptez de bonnes pratiques de sécurité en ligne, maintenez vos logiciels à jour et soyez vigilant face aux signes d'activité suspecte.

29 - Phishing et escroqueries

Les attaques de phishing et les escroqueries sont des pratiques sournoises et de plus en plus sophistiquées utilisées par les cybercriminels pour exploiter la confiance des utilisateurs et obtenir illégalement des informations sensibles, des données personnelles, voire des actifs numériques comme les cryptomonnaies. Ces tactiques nuisibles tirent parti de la méconnaissance, de l'urgence et de l'émotion des utilisateurs pour les inciter à prendre des mesures impulsives qui peuvent entraîner des conséquences financières désastreuses.

Le phishing, qui est un jeu de mots sur "fishing" (pêche en anglais), est une stratégie trompeuse où les escrocs se font passer pour des entités légitimes, comme des institutions financières, des services en ligne, des plateformes d'échange de cryptomonnaies ou même des gouvernements. Ils envoient des courriels, des messages instantanés ou créent des sites web qui ressemblent à s'y méprendre aux originaux. L'objectif est de tromper les destinataires pour qu'ils fournissent des informations sensibles telles que des clés privées, des mots de passe, des numéros de carte de crédit ou d'autres données confidentielles.

Ces messages de phishing sont souvent conçus pour susciter une réponse rapide en créant une sensation d'urgence, comme la suspension imminente d'un compte ou la perte potentielle d'accès. Les cybercriminels essaient de jouer sur les émotions humaines, utilisant la peur et l'urgence pour court-circuiter le processus de réflexion et inciter les victimes à agir avant de réfléchir.

Les escroqueries dans le monde des cryptomonnaies sont également répandues et variées. Elles peuvent prendre la forme de fausses offres d'investissement promettant des rendements irréalistes, de ventes de cryptomonnaies à prix réduits, d'offres pour rejoindre des projets prétendument révolutionnaires, ou même de demandes d'aide humanitaire prétendument liées à des catastrophes. Les escrocs ciblent souvent les individus moins expérimentés dans le domaine des cryptomonnaies, profitant de leur manque de connaissance pour les manipuler.

Pour vous protéger contre le phishing et les escroqueries :

- Soyez vigilant face aux courriels et aux messages qui semblent trop urgents ou trop beaux pour être vrais. Prenez le temps de vérifier l'authenticité.

- Vérifiez toujours attentivement l'URL des sites web que vous visitez. Les escrocs peuvent créer des sites web qui semblent identiques aux sites officiels.

- N'ouvrez pas les pièces jointes ni ne cliquez sur les liens provenant d'expéditeurs inconnus ou non vérifiés.

- Utilisez l'authentification à deux facteurs (2FA) pour renforcer la sécurité de vos comptes en ligne.

- Effectuez des recherches approfondies sur les projets, les offres et les services avant de dépenser de l'argent ou de partager des informations.

- Éduquez-vous constamment sur les dernières techniques d'escroquerie et partagez ces connaissances avec d'autres personnes pour les protéger également.

En résumé, la lutte contre le phishing et les escroqueries exige de la vigilance, du discernement et de l'éducation continue. Apprenez à reconnaître les signes d'une tentative d'escroquerie, remettez toujours en question les demandes inhabituelles et prenez le temps de vérifier l'authenticité avant d'agir. Se protéger contre ces menaces est essentiel pour préserver votre sécurité en ligne et vos actifs numériques.

30 - Double authentification pour plus de sécurité

La double authentification (également appelée authentification à deux facteurs ou 2FA) est une méthode de sécurité essentielle pour renforcer la protection de vos comptes en ligne, y compris ceux liés aux cryptomonnaies. Elle ajoute une couche supplémentaire de sécurité en exigeant non seulement un mot de passe, mais également une deuxième vérification avant de permettre l'accès à un compte. Cette mesure de sécurité contribue à réduire considérablement les risques de piratage et de vol de vos actifs numériques. Voici comment fonctionne la double authentification et pourquoi elle est importante :

La double authentification nécessite généralement deux éléments pour valider votre identité lors de la connexion à un compte en ligne. Ces éléments sont :

1. Mot de passe : Vous entrez votre mot de passe habituel comme première étape de la connexion.

2. Deuxième facteur : En plus du mot de passe, vous devez fournir un deuxième élément, généralement un code unique généré à partir d'une application d'authentification ou envoyé via SMS ou courriel.

Une fois que vous avez entré ces deux éléments, vous êtes autorisé à accéder à votre compte. La double authentification ajoute une protection supplémentaire en exigeant que l'attaquant ait non seulement connaissance de votre mot de passe, mais aussi de l'élément de vérification unique.

La double authentification est cruciale pour plusieurs raisons :

1. Réduction des risques de piratage : Même si un pirate informatique découvre votre mot de passe, il ne pourra pas accéder à votre compte sans le deuxième élément de vérification.

2. Protection des actifs numériques : Dans le contexte des cryptomonnaies, la double authentification protège vos portefeuilles en ligne et les plateformes d'échange contre les tentatives de vol.

3. Mitigation des risques de phishing : Même si vous tombez dans un piège de phishing et que vous divulguez votre mot de passe, le pirate ne pourra pas accéder à votre compte sans le deuxième facteur.

4. Sécurité multi-niveaux : La double authentification ajoute une couche de sécurité supplémentaire, ce qui est particulièrement important pour les comptes contenant des informations sensibles.

Il existe plusieurs méthodes pour obtenir le deuxième élément de vérification :

- Application d'Authentification : Vous utilisez une application spéciale sur votre téléphone pour générer des codes de vérification.

- SMS : Vous recevez un code par SMS sur votre téléphone.

- Courriel : Un code est envoyé à votre adresse courriel.

- Clé de sécurité physique : Vous insérez une clé physique dans un port USB ou NFC pour valider l'accès.

La double authentification est un outil puissant pour renforcer la sécurité de vos comptes en ligne et de vos actifs numériques. En l'utilisant, vous réduisez considérablement les risques de piratage et de vol, ce qui est d'une importance cruciale dans le domaine des cryptomonnaies où la sécurité est primordiale. Prenez le temps de configurer la double authentification partout où elle est proposée pour une protection maximale.

31 - Pays leaders dans l'adoption des cryptomonnaies

L'adoption des cryptomonnaies varie d'un pays à l'autre en raison de facteurs économiques, réglementaires, culturels et technologiques. Certains pays se démarquent en tant que leaders dans l'adoption des cryptomonnaies, montrant un intérêt accru pour les technologies blockchain et les actifs numériques.

1. États-Unis : Les États-Unis sont un acteur majeur dans le domaine des cryptomonnaies, avec une communauté dynamique de startups, d'entreprises et d'investisseurs. La réglementation varie d'un État à l'autre, mais des villes comme New York et San Francisco abritent des centres financiers majeurs qui ont adopté les technologies blockchain.

2. Japon : Le Japon a été l'un des premiers pays à légaliser le Bitcoin comme moyen de paiement et a mis en place une réglementation favorable aux cryptomonnaies. Cette approche a conduit à une adoption accrue et à l'acceptation des cryptomonnaies dans la société japonaise.

3. Suisse : La Suisse est reconnue pour son environnement réglementaire favorable aux entreprises liées aux cryptomonnaies et à la blockchain. La ville de Zoug, surnommée "Crypto Valley", est devenue un centre mondial d'innovation dans ce domaine.

4. Corée du Sud : La Corée du Sud est un marché majeur pour les cryptomonnaies, avec une forte participation des jeunes générations. Les autorités coréennes ont adopté des réglementations visant à favoriser l'adoption tout en assurant une surveillance adéquate.

5. Singapour : Singapour s'est positionnée comme un hub technologique et financier en Asie, accueillant de nombreuses entreprises de cryptomonnaies et de blockchain. Le gouvernement a adopté une approche réglementaire progressive pour encourager l'innovation.

6. Allemagne : L'Allemagne a une attitude favorable envers les cryptomonnaies et les actifs numériques. Berlin, en particulier, est devenue un foyer d'activité dans l'écosystème blockchain.

7. Suède : La Suède a été en pointe dans l'exploration des cryptomonnaies émises par les banques centrales (CBDC) et a adopté des technologies innovantes liées aux paiements et aux actifs numériques.

8. Australie : L'Australie a mis en place une réglementation claire pour les actifs numériques et les entreprises de cryptomonnaies, ce qui a contribué à encourager leur adoption dans le pays.

Ces pays leaders dans l'adoption des cryptomonnaies ont en commun une combinaison de réglementations favorables, d'infrastructures technologiques solides, d'une communauté active et d'une acceptation croissante des technologies blockchain. Ils ont joué un rôle clé dans le façonnement de l'avenir des cryptomonnaies et de la technologie blockchain à l'échelle mondiale.

32 - Entreprises acceptant les cryptomonnaies

De plus en plus d'entreprises à travers le monde adoptent les cryptomonnaies en tant que moyen de paiement, reflétant ainsi l'évolution des modes de transaction et la croissance de l'acceptation des actifs numériques. Cette tendance est soutenue par la reconnaissance croissante des avantages de l'utilisation des cryptomonnaies pour les paiements internationaux, la réduction des frais de transaction et la facilitation des échanges commerciaux.

1. Détail et e-commerce : De nombreuses boutiques en ligne, petites et grandes, acceptent désormais les cryptomonnaies comme mode de paiement. Cette adoption permet aux consommateurs d'acheter des produits et services en utilisant des actifs numériques, offrant une alternative aux méthodes de paiement traditionnelles.

2. Hôtellerie et tourisme : De nombreux hôtels, agences de voyage et sites de réservation acceptent les cryptomonnaies pour les réservations et les paiements. Cette pratique est particulièrement attrayante pour les voyageurs internationaux, car elle permet d'éviter les frais de change et les délais de traitement.

3. Restauration : Des restaurants, des cafés et même des chaînes de restauration rapide commencent à accepter les cryptomonnaies. Les paiements en cryptomonnaies sont généralement rapides et sécurisés, ce qui peut améliorer l'expérience du client.

4. Technologie et services Web : De nombreuses entreprises de technologie, notamment dans les domaines de l'hébergement web, des services VPN et des logiciels, acceptent les cryptomonnaies en raison de leur nature numérique et de la facilité des transactions internationales.

5. Organisations à but non lucratif : Certaines organisations caritatives et à but non lucratif acceptent les dons en cryptomonnaies. Cela permet aux donateurs de soutenir leurs causes préférées de manière transparente et sécurisée.

6. Immobilier : Certains marchés immobiliers acceptent les cryptomonnaies pour les paiements de biens immobiliers. Bien que cela reste relativement nouveau, cette tendance pourrait évoluer à mesure que les cryptomonnaies gagnent en adoption.

7. Jeux en ligne et divertissement : L'industrie du jeu en ligne et du divertissement a également adopté les cryptomonnaies, permettant aux joueurs d'acheter des biens virtuels et des contenus numériques.

8. Startups et entreprises technologiques : De nombreuses startups technologiques, en particulier celles liées à la blockchain et aux cryptomonnaies, acceptent naturellement les actifs numériques.

La décision d'accepter les cryptomonnaies dépend de plusieurs facteurs, tels que la réglementation locale, la compréhension de la technologie par l'entreprise, la demande des clients et la volonté d'adopter des méthodes de paiement innovantes. Alors que l'adoption des cryptomonnaies continue de croître, de plus en plus d'entreprises pourraient rejoindre le mouvement et intégrer ces actifs numériques dans leurs opérations commerciales.

33 - Dépenser des cryptomonnaies au quotidien

L'intégration des cryptomonnaies dans la vie quotidienne en tant que moyen de paiement est en train de changer la façon dont les gens interagissent avec l'argent et les transactions. Ce qui était autrefois perçu principalement comme un instrument d'investissement financier s'est transformé en un outil pratique pour effectuer des achats et des transactions dans la vie de tous les jours. Cette évolution est le résultat de l'adoption croissante des commerçants et des entreprises qui acceptent les cryptomonnaies comme mode de paiement, ainsi que des développements technologiques qui rendent ces transactions plus simples et plus sécurisées.

Dans le monde du commerce électronique, l'utilisation quotidienne des cryptomonnaies est de plus en plus répandue. De nombreux détaillants en ligne, qu'ils soient des géants du commerce électronique ou de petites boutiques spécialisées, ont commencé à accepter les cryptomonnaies comme méthode de paiement. Cela signifie que les consommateurs peuvent maintenant acheter une gamme variée de produits - des vêtements aux produits électroniques en passant par les articles ménagers - en utilisant leurs actifs numériques. Cette expansion de l'utilisation des cryptomonnaies dans le commerce électronique permet aux consommateurs de diversifier leurs méthodes de paiement tout en facilitant les transactions internationales.

Les restaurants, les cafés et même les chaînes de restauration rapide ont également pris le train en marche en acceptant les cryptomonnaies. Les paiements en cryptomonnaies offrent une expérience de paiement rapide, sans nécessité d'attendre la vérification des transactions par des tiers. Cela peut contribuer à améliorer l'efficacité du processus d'achat, tant du point de vue du commerçant que du consommateur. Les voyageurs internationaux sont particulièrement attirés par cette méthode de paiement, car elle élimine la nécessité de convertir des devises étrangères et simplifie ainsi les paiements à l'étranger.

Au-delà du commerce et de la restauration, les cryptomonnaies commencent à être utilisées dans une gamme croissante de domaines. Les services web, les logiciels, les jeux en ligne et le divertissement offrent également la possibilité d'effectuer des paiements en cryptomonnaies. Dans ces secteurs, les transactions peuvent être effectuées rapidement et en toute sécurité, ce qui peut améliorer l'expérience globale des utilisateurs.

Les avantages des cryptomonnaies pour les paiements au quotidien s'étendent également aux transactions internationales. Les cryptomonnaies permettent de réduire les délais et les coûts associés aux transferts d'argent transfrontaliers. De plus, les frais de transaction sont souvent moins élevés que ceux des méthodes de paiement traditionnelles, ce qui en fait une option attractive pour les personnes qui souhaitent envoyer de l'argent à l'étranger.

L'utilisation quotidienne des cryptomonnaies pour effectuer des paiements est en train de devenir une réalité tangible. Les commerçants et les entreprises qui acceptent les cryptomonnaies reconnaissent les avantages de cette technologie, et les consommateurs bénéficient de la commodité, de la sécurité et des avantages financiers qu'elle offre. Alors que l'adoption des cryptomonnaies continue de croître, nous pouvons nous attendre à ce que de plus en plus de personnes embrassent cette nouvelle façon de dépenser et de gérer leur argent au quotidien.

34 - Régulation des cryptomonnaies dans le monde

La régulation des cryptomonnaies dans le monde est un sujet complexe et en constante évolution. En raison de la nature relativement nouvelle et innovante des cryptomonnaies, les gouvernements et les régulateurs ont été confrontés à des défis pour élaborer des cadres réglementaires adaptés à cette technologie émergente. Les approches réglementaires varient d'un pays à l'autre en fonction des préoccupations locales, des objectifs économiques et des priorités en matière de sécurité financière.

1. Cadres réglementaires divers : Les régulations relatives aux cryptomonnaies varient considérablement d'un pays à l'autre. Certains pays ont adopté des approches favorables aux cryptomonnaies en les légalisant et en offrant un environnement réglementaire favorable à l'innovation. D'autres ont adopté des positions plus restrictives, imposant des interdictions totales ou partielles sur les activités liées aux cryptomonnaies.

. Protection des investisseurs : De nombreux gouvernements sont préoccupés par la protection des investisseurs et mettent en place des réglementations pour lutter contre les escroqueries et les pratiques frauduleuses. Ils exigent souvent que les entreprises liées aux cryptomonnaies se conforment à des normes strictes en matière de divulgation d'informations, d'enregistrement et de conformité.

3. Lutte contre le Blanchiment d'Argent et le Financement du Terrorisme : En raison de l'anonymat potentiellement offert par les cryptomonnaies, certains gouvernements ont mis en place des réglementations visant à prévenir le blanchiment d'argent et le financement du terrorisme. Ces réglementations peuvent inclure des exigences de vérification d'identité pour les utilisateurs et les plateformes d'échange.

4. Fiscalité : Les questions fiscales liées aux cryptomonnaies sont complexes. Certains pays considèrent les cryptomonnaies comme des biens imposables, tandis que d'autres les considèrent comme des devises. Cela a des implications sur la manière dont les gains en cryptomonnaies sont imposés et déclarés.

5. Encouragement de l'innovation : Certains pays adoptent une approche plus souple envers la régulation des cryptomonnaies pour encourager l'innovation. Ils voient les cryptomonnaies comme un moyen de stimuler l'économie et d'attirer des entreprises technologiques.

6. Émission de cryptomonnaies par les Banques Centrales : Certaines banques centrales envisagent d'émettre leurs propres cryptomonnaies, appelées monnaies numériques de banque centrale (CBDC). Cela soulève des questions sur la manière dont ces monnaies seront réglementées et intégrées dans le système financier existant.

7. Collaboration internationale : En raison de la nature mondiale des cryptomonnaies, la coopération internationale est de plus en plus importante pour garantir la cohérence et l'efficacité des réglementations. Des organisations telles que le G20 et le Groupe d'Action Financière (GAFI) travaillent à l'élaboration de lignes directrices internationales.

En résumé, la régulation des cryptomonnaies est un domaine en constante évolution qui reflète les défis uniques et les opportunités offertes par cette technologie. Les gouvernements et les régulateurs tentent de trouver un équilibre entre la protection des consommateurs, la sécurité financière et la promotion de l'innovation. Alors que l'industrie des cryptomonnaies continue de mûrir, nous pouvons nous attendre à ce que les régulations évoluent pour répondre aux besoins changeants de la société et de l'économie.

35 - Fiscalité des transactions en cryptomonnaies

La fiscalité des transactions en cryptomonnaies est un domaine complexe qui soulève des défis majeurs à la fois pour les individus, les entreprises et les gouvernements à travers le monde. En raison de la nature relativement nouvelle et innovante des cryptomonnaies, les réglementations fiscales peinent souvent à suivre le rythme des développements technologiques et des évolutions du marché. Cette situation peut engendrer une certaine confusion quant à la manière dont les transactions en cryptomonnaies doivent être traitées d'un point de vue fiscal. Examinons de plus près certains des aspects clés de la fiscalité des transactions en cryptomonnaies.

L'un des principaux points de friction en matière de fiscalité des cryptomonnaies concerne les gains en capital. Dans de nombreux pays, les gains réalisés lors de la vente ou de l'échange de cryptomonnaies peuvent être assujettis à la taxation, tout comme les gains en capital sur d'autres types d'actifs financiers. Cependant, la classification de ces gains peut varier en fonction de la durée pendant laquelle les cryptomonnaies ont été détenues, avec des taux d'imposition distincts pour les gains à court terme et à long terme. Certains pays considèrent les cryptomonnaies comme des biens imposables, tandis que d'autres les traitent comme des actifs financiers soumis à une taxe sur les gains en capital.

La question du reporting des transactions est également un aspect crucial de la fiscalité des cryptomonnaies. De nombreux pays exigent que les particuliers et les entreprises signalent leurs transactions en cryptomonnaies aux autorités fiscales. Ces rapports peuvent inclure des informations détaillées sur les achats, les ventes, les échanges et même les paiements effectués en cryptomonnaies. L'objectif de ce reporting est de garantir une transparence accrue et de faciliter le recouvrement fiscal. Cependant, le suivi précis de toutes les transactions peut s'avérer être un défi considérable en raison du nombre potentiellement élevé de transactions effectuées.

Lorsque les cryptomonnaies sont converties en monnaie locale pour des achats, des paiements ou d'autres transactions, cela peut également entraîner des implications fiscales. Dans certains pays, cette conversion peut être considérée comme une disposition imposable, nécessitant ainsi une déclaration fiscale. Cependant, certaines juridictions ont mis en place des seuils d'exemption pour les petites transactions, reconnaissant ainsi que de nombreuses utilisations des cryptomonnaies sont de nature quotidienne et ne devraient pas être soumises à une taxation excessive.

Les pertes en cryptomonnaies soulèvent également des questions fiscales importantes. Dans certains pays, les pertes liées aux transactions en cryptomonnaies peuvent être déductibles d'impôt, permettant ainsi aux contribuables de compenser leurs pertes avec leurs gains. Cependant, les règles spécifiques régissant la déduction des pertes en cryptomonnaies varient en fonction des législations fiscales locales.

L'activité de minage de cryptomonnaies constitue un autre aspect à prendre en compte en matière de fiscalité. Les individus impliqués dans le minage peuvent générer des revenus sous forme de nouvelles cryptomonnaies créées par le protocole. Ces revenus peuvent être soumis à l'impôt dans de nombreux pays, nécessitant ainsi une comptabilité précise des revenus générés par l'activité de minage.

En fin de compte, la complexité de la fiscalité des transactions en cryptomonnaies ne fait que refléter la nature en évolution rapide de cette technologie et de son impact sur les systèmes économiques traditionnels. La volatilité des prix des cryptomonnaies et la multitude de transactions possibles rendent le calcul des impôts plus délicat que jamais. Pour naviguer dans ce domaine en constante évolution, il est essentiel de se conformer aux réglementations fiscales locales, de tenir des registres précis de toutes les transactions en cryptomonnaies et de consulter des experts fiscaux si nécessaire. Avec l'expansion continue de l'adoption des cryptomonnaies, il est probable que les réglementations fiscales continueront de se développer et de s'adapter pour répondre aux besoins changeants de la société et de l'économie numérique.

36 - Légalité des ICO (Initial Coin Offerings)

La légalité des ICO (Initial Coin Offerings) est un domaine complexe et en constante évolution qui pose des défis juridiques et réglementaires à l'échelle mondiale. Les ICO, qui sont une forme de levée de fonds permettant aux projets blockchain de collecter des capitaux en échange de jetons ou de cryptomonnaies nouvellement émis, ont gagné en popularité ces dernières années. Cependant, en raison de leur nature novatrice et de leur potentiel élevé de risques et de récompenses, les ICO ont attiré l'attention des régulateurs et des législateurs du monde entier.

La légalité des ICO varie selon la juridiction. Certains pays ont adopté une approche favorable, considérant les ICO comme une forme légitime de financement et d'innovation. D'autres pays ont choisi une approche plus restrictive, imposant des réglementations strictes ou interdisant purement et simplement les ICO. Le statut juridique des jetons émis lors des ICO peut également varier, certains étant classés comme des valeurs mobilières, des biens ou des utilitaires.

La protection des investisseurs est une préoccupation majeure pour les régulateurs. Étant donné que les ICO sont souvent menées en ligne et attirent des investisseurs du monde entier, il peut être difficile de garantir que tous les participants comprennent pleinement les risques associés. Certains pays ont mis en place des cadres réglementaires pour exiger que les émetteurs fournissent des informations claires et précises sur les projets ICO, les risques potentiels et les perspectives futures. Ces réglementations visent à garantir que les investisseurs sont bien informés avant de prendre des décisions financières.

L'une des principales questions liées à la légalité des ICO concerne la classification des jetons. Dans certains pays, les jetons issus des ICO sont considérés comme des valeurs mobilières et sont donc soumis à des réglementations strictes en matière de conformité et de distribution. Dans d'autres pays, les jetons utilitaires, qui ont une fonction spécifique au sein d'une plateforme ou d'une application, peuvent être traités différemment sur le plan réglementaire.

La convergence entre la technologie blockchain et les réglementations traditionnelles est un domaine en développement. Les autorités cherchent à trouver un équilibre entre la promotion de l'innovation technologique et la protection des investisseurs et de la stabilité financière. Certaines juridictions ont établi des « sandboxes réglementaires », des espaces où les entreprises peuvent expérimenter de nouvelles technologies, y compris les ICO, tout en étant supervisées par les régulateurs.

La légalité des ICO est un domaine complexe et en évolution rapide. Les régulateurs du monde entier cherchent à adapter les réglementations existantes ou à créer de nouvelles lois pour faire face aux défis posés par les ICO. Les émetteurs et les investisseurs doivent être conscients des réglementations en vigueur dans leur juridiction et consulter des experts juridiques pour s'assurer de la conformité. Alors que l'industrie des cryptomonnaies continue de mûrir, il est probable que les régulations liées aux ICO évolueront pour répondre aux besoins changeants de la technologie et de l'économie.

37 - Montée des NFT (jetons non fongibles)

La montée en puissance des NFT (jetons non fongibles) a pris d'assaut l'industrie de la technologie blockchain et de la culture numérique, créant un nouveau paradigme dans la façon dont nous percevons et échangeons la propriété numérique. Les NFT sont des jetons uniques qui représentent la propriété ou l'accès à des actifs numériques spécifiques, tels que des œuvres d'art numériques, des vidéos, des collections de musique et bien plus encore. Cette innovation a captivé l'imagination de créateurs, d'artistes, de collectionneurs et d'investisseurs, tout en suscitant des débats sur les implications culturelles, économiques et environnementales. Examinons de plus près les principales facettes de la montée en puissance des NFT.

Les NFT ont émergé comme une solution pour l'un des plus grands défis de l'économie numérique : la rareté. Dans le monde numérique, la reproductibilité infinie des fichiers a longtemps rendu difficile la création d'une rareté authentique et précieuse. Les NFT résolvent ce problème en utilisant la technologie blockchain pour certifier et authentifier la propriété exclusive d'un actif numérique. Chaque NFT est unique et inaltérable, ce qui signifie qu'ils ne peuvent pas être copiés ou dupliqués de la même manière que les fichiers traditionnels.

La popularité croissante des NFT a créé un nouvel écosystème économique pour les créateurs. Les artistes numériques, les musiciens, les écrivains et d'autres créateurs peuvent émettre leurs œuvres sous forme de NFT, ce qui leur permet de conserver la propriété et de bénéficier de la valeur de leurs créations à mesure que leur popularité augmente. Les NFT introduisent également de nouvelles façons de monétiser la culture numérique, les créateurs pouvant recevoir des redevances chaque fois que leurs NFT sont revendus sur le marché secondaire.

Cependant, la montée en puissance des NFT n'est pas exempte de controverses. Les préoccupations environnementales liées à l'impact énergétique de certaines chaînes de blocs utilisées pour les NFT ont été largement discutées. Certains projets NFT ont été critiqués pour leur consommation élevée d'énergie, soulignant la nécessité de développer des solutions durables et respectueuses de l'environnement.

La propriété intellectuelle et les droits d'auteur sont également des sujets de débat importants. Bien que les NFT puissent certifier la propriété, ils ne garantissent pas toujours la légitimité des œuvres elles-mêmes. Des cas ont été signalés où des NFT ont été émis pour des œuvres piratées ou sans le consentement des créateurs originaux, soulevant des questions sur la protection des droits d'auteur dans le domaine des NFT.

La montée des NFT a créé un marché en constante évolution et a remodelé la façon dont la propriété numérique est perçue et valorisée. Les NFT ont ouvert de nouvelles possibilités pour les artistes et les créateurs, tout en générant des débats sur les questions environnementales, culturelles et légales. Alors que l'industrie continue de se développer, il est essentiel d'équilibrer l'innovation avec la durabilité, la protection des droits et l'éthique pour assurer un avenir prometteur pour les NFT et la culture numérique dans son ensemble.

38 - Cryptomonnaies stables et monnaies traditionnelles

La montée en puissance des cryptomonnaies stables a créé un pont entre le monde des monnaies traditionnelles et celui des actifs numériques, offrant une alternative novatrice aux volatilités associées aux cryptomonnaies classiques telles que le Bitcoin et l'Ethereum. Les cryptomonnaies stables sont conçues pour maintenir une valeur stable en étant adossées à des actifs tels que des monnaies fiduciaires, des matières premières ou d'autres instruments financiers. Cette approche vise à résoudre l'un des défis majeurs du monde des cryptomonnaies : la volatilité des prix. Examinons de plus près les principaux aspects des cryptomonnaies stables et leur relation avec les monnaies traditionnelles.

Les cryptomonnaies stables offrent une stabilité des prix en étant adossées à des réserves tangibles. Par exemple, certaines cryptomonnaies stables sont soutenues par une équivalence avec une monnaie fiduciaire, comme le dollar américain ou l'euro. Cette adéquation garantit que la valeur d'une cryptomonnaie stable reste relativement constante, ce qui en fait un moyen attrayant pour les utilisateurs de conserver et de transférer de la valeur sans craindre les fluctuations extrêmes de prix.

La popularité croissante des cryptomonnaies stables s'étend au-delà des investisseurs et des traders. Elles sont de plus en plus utilisées dans les paiements en ligne, les transferts transfrontaliers et les applications de finance décentralisée (DeFi). Leur valeur stable les rend particulièrement adaptées à ces cas d'utilisation, éliminant le risque de perdre de la valeur pendant les transactions.

La relation entre les cryptomonnaies stables et les monnaies traditionnelles est complexe. D'un côté, les cryptomonnaies stables offrent une manière innovante d'utiliser des actifs numériques tout en maintenant une stabilité de valeur similaire à celle des monnaies fiduciaires. Cela peut être particulièrement attractif pour les personnes vivant dans des pays où la monnaie nationale est sujette à des dévaluations ou à une inflation élevée.

D'un autre côté, les cryptomonnaies stables peuvent également soulever des questions sur la régulation et la surveillance. Les régulateurs se penchent sur la classification des cryptomonnaies stables et sur la façon dont elles devraient être traitées du point de vue réglementaire. En raison de leur lien avec les monnaies fiduciaires, les cryptomonnaies stables peuvent être soumises à des réglementations similaires à celles des institutions financières traditionnelles.

a montée en puissance des cryptomonnaies stables représente une convergence intéressante entre les monnaies traditionnelles et les technologies blockchain. Alors qu'elles offrent des avantages tels que la stabilité des prix et la facilité de transfert, elles soulèvent également des questions sur la régulation, la surveillance et l'évolution du système financier mondial. À mesure que les cryptomonnaies stables continuent de gagner en popularité et d'évoluer, elles pourraient jouer un rôle de plus en plus important dans la façon dont nous concevons et utilisons l'argent à l'ère numérique.

39 - Cryptomonnaies respectueuses de l'environnement

L'évolution des cryptomonnaies respectueuses de l'environnement constitue une réponse cruciale à l'une des préoccupations majeures soulevées par l'expansion de la technologie blockchain : l'empreinte carbone et la consommation énergétique élevée associées à certaines chaînes de blocs. Si les premières générations de cryptomonnaies, à l'instar du Bitcoin, ont été critiquées pour leur consommation d'énergie significative, les avancées technologiques et les nouvelles approches ont ouvert la voie à la création de cryptomonnaies plus durables et respectueuses de l'environnement. Examinons de manière plus approfondie les principaux aspects des cryptomonnaies respectueuses de l'environnement et leur rôle dans l'avenir de la blockchain.

La consommation d'énergie élevée de certaines chaînes de blocs, notamment celles basées sur le mécanisme de preuve de travail, a suscité des préoccupations majeures quant à leur impact environnemental. Ces chaînes de blocs requièrent des opérations de calcul intensives pour valider les transactions et sécuriser le réseau. Cela engendre une demande considérable en énergie, provenant souvent de sources non renouvelables. Face à cette réalité, la recherche et l'innovation ont conduit au développement de nouvelles méthodes de consensus, comme le mécanisme de preuve d'enjeu, qui exige moins d'énergie en remplaçant les calculs par des enjeux financiers.

Les cryptomonnaies respectueuses de l'environnement se tournent souvent vers des technologies et des approches qui réduisent leur empreinte carbone. Par exemple, certaines chaînes de blocs adoptent des algorithmes de consensus plus économes en énergie, préservant ainsi l'intégrité du réseau tout en réduisant la consommation électrique globale. D'autres projets s'engagent à compenser leur empreinte carbone en participant à des initiatives de reforestation ou en investissant dans des sources d'énergie renouvelable, contribuant ainsi à un écosystème plus écologiquement durable.

'adoption croissante des cryptomonnaies respectueuses de l'environnement reflète une prise de conscience grandissante des enjeux environnementaux parmi les développeurs, les investisseurs et les utilisateurs. Ces cryptomonnaies offrent une alternative plus durable aux modèles traditionnels de preuve de travail, ouvrant ainsi la voie à des innovations dans le domaine de la blockchain. Cependant, il est important de noter que même si les cryptomonnaies respectueuses de l'environnement réduisent leur empreinte carbone, elles ne sont pas totalement exemptes d'impacts environnementaux, notamment en ce qui concerne les ressources nécessaires à leur fonctionnement et à leur maintenance.

La question de la durabilité environnementale des cryptomonnaies est en constante évolution et continue de susciter des débats. Alors que de nouvelles solutions émergent pour rendre la technologie blockchain plus respectueuse de l'environnement, il est primordial de poursuivre la recherche et le développement afin de minimiser les impacts négatifs tout en préservant les avantages de l'innovation technologique. Les cryptomonnaies respectueuses de l'environnement témoignent de la capacité de la communauté blockchain à s'adapter et à répondre aux défis mondiaux à mesure qu'elles continuent de se développer et de mûrir. En investissant dans des solutions plus durables, l'industrie des cryptomonnaies peut jouer un rôle dans la transition vers une économie numérique plus respectueuse de l'environnement.

40 - Prédictions pour l'avenir des cryptomonnaies

Les prédictions pour l'avenir des cryptomonnaies englobent une variété de scénarios passionnants et de défis à relever, reflétant l'évolution rapide de cette technologie disruptive. Alors que les cryptomonnaies ont parcouru un long chemin depuis les premiers jours du Bitcoin, elles continuent de façonner de nouvelles perspectives pour l'avenir des finances, de la technologie et même de la société dans son ensemble.

Examinons en profondeur les principales prédictions qui pourraient façonner le paysage des cryptomonnaies dans les années à venir.

1. Adoption croissante : De nombreuses prédictions s'accordent sur une adoption croissante des cryptomonnaies à l'échelle mondiale. Avec une augmentation de l'intérêt des particuliers, des entreprises et même des gouvernements, les cryptomonnaies pourraient devenir une composante incontournable des systèmes financiers mondiaux.

2. Intégration dans la finance traditionnelle : Les cryptomonnaies devraient se rapprocher davantage du système financier traditionnel, avec l'intégration de services financiers traditionnels tels que les prêts, les comptes d'épargne et les options de paiement. Les partenariats entre entreprises de cryptomonnaies et institutions financières traditionnelles pourraient devenir plus courants.

3. Diversification des cas d'utilisation : À mesure que la technologie blockchain continue de se développer, de nouveaux cas d'utilisation pour les cryptomonnaies émergent. Des domaines tels que la propriété intellectuelle, les soins de santé, la logistique et l'Internet des objets pourraient tirer parti de la sécurité et de la transparence offertes par la blockchain.

4. Amélioration de la scalabilité : L'une des préoccupations majeures des premières générations de cryptomonnaies était leur capacité à traiter un grand nombre de transactions en temps réel. Les projets travaillent sur des solutions de scalabilité pour répondre à cette préoccupation, ce qui pourrait permettre une adoption plus large et une utilisation plus fluide des cryptomonnaies.

5. Régulation accrue : Alors que les cryptomonnaies gagnent en popularité, les gouvernements et les régulateurs chercheront à mettre en place des cadres réglementaires pour encadrer leur utilisation. Une réglementation appropriée pourrait apporter une certaine stabilité au marché, mais trouver le bon équilibre entre l'innovation et la protection reste un défi.

6. Émergence de nouvelles cryptomonnaies : De nouvelles cryptomonnaies, basées sur des technologies plus avancées, pourraient voir le jour et offrir des fonctionnalités et des avantages uniques par rapport aux pionnières comme Bitcoin et Ethereum.

7. Évolution des technologies de consensus : Les mécanismes de consensus, tels que la preuve de travail et la preuve d'enjeu, continueront d'évoluer pour répondre aux préoccupations de sécurité et d'efficacité. De nouvelles approches pourraient émerger pour résoudre les défis actuels.

8. Intégration dans les industries traditionnelles : Les industries traditionnelles, comme l'immobilier, la musique et le divertissement, pourraient adopter les cryptomonnaies pour transformer leurs modèles économiques et offrir de nouvelles opportunités aux créateurs et aux utilisateurs.

9. Focus sur l'expérience utilisateur : À mesure que les cryptomonnaies se démocratisent, les projets se concentreront davantage sur l'expérience utilisateur pour rendre leur utilisation plus accessible et conviviale.

10. Nouvelles réglementations sur la vie privée : La question de la vie privée deviendra de plus en plus importante, avec des discussions sur la manière dont les cryptomonnaies peuvent respecter les droits à la vie privée tout en répondant aux besoins de sécurité et de réglementation.

Dans l'ensemble, les prédictions pour l'avenir des cryptomonnaies reflètent un paysage en évolution constante, marqué par l'innovation technologique, l'adoption croissante et les défis réglementaires. Si l'avenir précis des cryptomonnaies reste incertain, il est clair que leur impact continuera de se faire sentir dans de nombreux aspects de nos vies, allant des finances à la technologie en passant par la culture et la société.

41 - Impacts potentiels sur les marchés financiers

L'impact potentiel des cryptomonnaies sur les systèmes financiers est un sujet qui suscite un grand intérêt et des débats passionnés. Alors que les cryptomonnaies ont commencé comme une innovation technologique relativement marginale, elles ont depuis évolué pour remettre en question et remodeler les systèmes financiers traditionnels à l'échelle mondiale.**1. Démocratisation de l'accès financier** : Les cryptomonnaies offrent la possibilité de fournir des services financiers à des populations non bancarisées ou sous-bancarisées, en leur donnant accès à des solutions de paiement, d'épargne et d'investissement. Cela pourrait réduire les disparités financières mondiales et accroître l'inclusion financière.

2. Réduction des frais de transaction : Les paiements internationaux et les transferts d'argent transfrontaliers via les cryptomonnaies pourraient réduire considérablement les frais et les délais associés aux méthodes traditionnelles de transfert d'argent, en particulier dans les régions mal desservies par les services bancaires.

3. Perturbation du modèle bancaire traditionnel : Les cryptomonnaies pourraient remettre en question le modèle bancaire traditionnel en offrant des alternatives décentralisées aux services financiers. Cela pourrait potentiellement réduire la dépendance envers les banques et créer de nouveaux modèles de financement.

4. Nouveaux modèles de financement : Les Initial Coin Offerings (ICO) et les Security Token Offerings (STO) ont démontré comment les cryptomonnaies peuvent être utilisées pour lever des fonds de manière novatrice, contournant les mécanismes de financement traditionnels tels que les introductions en bourse.

5. Augmentation de la vitesse des transactions : Les transactions de cryptomonnaies peuvent s'effectuer en temps réel, 24 heures sur 24 et 7 jours sur 7, sans dépendre des horaires d'ouverture des banques. Cela pourrait accélérer les processus commerciaux et financiers.

6. Décentralisation du contrôle : Les systèmes de cryptomonnaies reposent sur des technologies décentralisées, répartissant le contrôle entre de nombreux acteurs au lieu d'une autorité centrale. Cela pourrait réduire les risques liés à la concentration du pouvoir financier.

7. Nouveaux modèles de gestion des actifs : Les cryptomonnaies permettent aux utilisateurs de prendre en charge la gestion de leurs actifs sans avoir besoin d'intermédiaires financiers traditionnels. Les portefeuilles numériques donnent aux individus un contrôle direct sur leurs fonds.

8. Défi pour les régulateurs : L'essor des cryptomonnaies peut créer des défis pour les régulateurs qui doivent trouver un équilibre entre l'innovation et la protection des investisseurs et de la stabilité financière. Des réglementations adaptées pourraient encourager le développement responsable de l'industrie.

9. Adoption institutionnelle : De plus en plus d'institutions financières, y compris des banques et des entreprises de gestion d'actifs, considèrent l'adoption des cryptomonnaies et de la technologie blockchain pour diversifier leurs offres et améliorer l'efficacité opérationnelle.

10. Évolution du concept de monnaie : L'adoption accrue des cryptomonnaies pourrait remettre en question le rôle des monnaies traditionnelles et ouvrir la voie à de nouvelles conceptions de la monnaie et de la valeur.

L'impact potentiel des cryptomonnaies sur les systèmes financiers est vaste et complexe. Alors que certaines implications sont positives, d'autres soulèvent des questions et des défis majeurs pour les acteurs de l'industrie, les régulateurs et la société dans son ensemble. Alors que les cryptomonnaies continuent de gagner en adoption et de se développer, leur impact sur les systèmes financiers ne fera que s'intensifier, créant de nouvelles opportunités et redéfinissant les normes financières mondiales.

42 - Défis pour une adoption massive

Les défis pour une adoption massive des cryptomonnaies sont multiples et complexes, reflétant la nature révolutionnaire de cette technologie et les barrières qu'elle doit surmonter pour devenir largement acceptée et utilisée à travers le monde. Alors que les cryptomonnaies offrent de nombreux avantages, plusieurs facteurs entravent encore leur adoption à grande échelle.

1. Volatilité des prix : La volatilité des prix est l'un des principaux obstacles à l'adoption des cryptomonnaies en tant que moyen de paiement ou de stockage de valeur. Les fluctuations rapides et significatives des prix rendent les utilisateurs et les commerçants réticents à accepter les cryptomonnaies comme une forme stable de paiement.

2. Complexité technique : La technologie sous-jacente des cryptomonnaies et des blockchains peut être complexe pour les utilisateurs non techniques. La création et la gestion de portefeuilles, les clés privées et les adresses sont des concepts qui peuvent être difficiles à comprendre pour les nouveaux utilisateurs.

3. Expérience utilisateur : L'expérience utilisateur dans l'écosystème des cryptomonnaies peut parfois être frustrante, avec des processus d'inscription compliqués, des frais de transaction élevés et des délais de confirmation variables. Les améliorations dans l'interface utilisateur et l'expérience client sont nécessaires pour faciliter l'adoption.

4. Sécurité et piratages : Les cas de piratages d'échanges de cryptomonnaies et de vols de portefeuilles ont créé une perception négative de la sécurité des actifs numériques. La sécurité des cryptomonnaies doit être renforcée pour inspirer la confiance des utilisateurs.

5. Réglementation incertaine : Les réglementations concernant les cryptomonnaies varient considérablement d'un pays à l'autre, ce qui crée de l'incertitude pour les entreprises et les utilisateurs. Une réglementation claire et cohérente est nécessaire pour favoriser une adoption généralisée.

6. Manque d'éducation : Le manque d'éducation sur les cryptomonnaies et leur fonctionnement est un obstacle majeur. Les utilisateurs ont besoin d'informations claires et accessibles pour comprendre comment utiliser et investir dans les cryptomonnaies en toute sécurité.

7. Acceptation par les commerçants : Pour que les cryptomonnaies soient utilisées comme moyen de paiement, elles doivent être acceptées par un grand nombre de commerçants. L'acceptation des cryptomonnaies par les entreprises dépend de la stabilité des prix et de la facilité d'intégration.

8. Méfiance et perception négative : Les scandales, les escroqueries et les histoires négatives liées aux cryptomonnaies ont contribué à créer une méfiance dans l'esprit du grand public. Une perception négative peut entraver l'adoption.

9. Accessibilité : L'adoption des cryptomonnaies peut être limitée par le manque d'accès à Internet et de dispositifs technologiques dans certaines régions du monde.

10. Conformité aux normes financières : Les cryptomonnaies doivent satisfaire aux normes financières et de conformité en matière de lutte contre le blanchiment d'argent (AML) et de connaître son client (KYC), ce qui peut parfois entrer en conflit avec la nature décentralisée de ces actifs.

L'adoption massive des cryptomonnaies est confrontée à une série de défis complexes qui nécessitent une attention continue. Alors que des progrès sont réalisés dans la résolution de ces défis, les cryptomonnaies ont le potentiel de transformer de manière significative nos systèmes financiers et nos interactions économiques. Une combinaison d'innovation technologique, de réglementation éclairée et d'éducation du public sera essentielle pour surmonter ces obstacles et réaliser le plein potentiel des cryptomonnaies.

43 - Intégrer les cryptomonnaies à son plan financier

Intégrer les cryptomonnaies à son plan financier nécessite une approche réfléchie et informée, car cette nouvelle classe d'actifs peut offrir des opportunités tout en présentant des risques significatifs. Voici certains aspects à considérer lors de l'intégration des cryptomonnaies à votre plan financier.

La première étape essentielle est l'éducation. Avant d'investir dans des cryptomonnaies, il est crucial de comprendre en quoi elles consistent, comment fonctionne la technologie blockchain sous-jacente et les risques associés. Des ressources éducatives fiables peuvent vous aider à prendre des décisions éclairées.

Lors de l'intégration des cryptomonnaies à votre plan financier, définissez clairement vos objectifs. S'agit-il d'investir à court terme pour tirer profit de la volatilité, ou de maintenir des actifs à long terme comme un moyen de diversification ? Vos objectifs guideront vos choix d'investissement et votre stratégie.

La diversification est une règle fondamentale de l'investissement, et cela s'applique également aux cryptomonnaies. Ne placez pas tous vos fonds dans les cryptomonnaies. Combinez-les avec d'autres actifs, tels que des actions, des obligations et des biens immobiliers, pour réduire les risques.

Comme pour tout investissement, il est crucial de ne jamais investir plus que ce que vous pouvez vous permettre de perdre. Les cryptomonnaies sont connues pour leur volatilité extrême, ce qui signifie que les valeurs peuvent augmenter rapidement, mais aussi chuter brusquement.

Assurez-vous que les fonds que vous investissez ne sont pas nécessaires pour couvrir vos dépenses essentielles.

Lors de l'achat de cryptomonnaies, choisissez soigneusement les plateformes d'échange. Optez pour des plateformes réputées, avec des mesures de sécurité solides et une facilité d'utilisation. Assurez-vous également de stocker vos cryptomonnaies en toute sécurité dans des portefeuilles adéquats, tels que les portefeuilles matériels, pour minimiser les risques de piratage.

Suivre l'évolution du marché est crucial. Les cryptomonnaies sont influencées par des facteurs tels que l'actualité, la régulation et les innovations technologiques. Gardez un œil attentif sur ces développements pour prendre des décisions éclairées.

Établir une stratégie de sortie est tout aussi important que l'entrée. Déterminez à l'avance les conditions qui vous amèneraient à vendre vos cryptomonnaies, que ce soit pour réaliser des gains, minimiser les pertes ou atteindre des objectifs spécifiques.

Enfin, tenez compte des implications fiscales. Dans de nombreux pays, les transactions de cryptomonnaies sont soumises à des réglementations fiscales. Consultez un professionnel des impôts pour comprendre vos obligations fiscales et éviter les surprises désagréables.

Intégrer les cryptomonnaies à votre plan financier peut offrir des opportunités de croissance, mais cela nécessite une approche prudente et informée. En comprenant les risques, en définissant des objectifs clairs et en suivant une stratégie réfléchie, vous pouvez prendre des décisions éclairées qui correspondent à votre situation financière et à vos objectifs à long terme.

44 - Gérer la volatilité des cryptomonnaies

Gérer la volatilité des cryptomonnaies est une préoccupation majeure pour les investisseurs et les utilisateurs qui souhaitent tirer parti de cette classe d'actifs tout en minimisant les risques. La volatilité, qui se caractérise par des fluctuations rapides et parfois importantes des prix des cryptomonnaies, peut représenter à la fois des opportunités de profit et des défis. Voici quelques stratégies pour gérer la volatilité des cryptomonnaies de manière efficace.

L'une des premières étapes est de reconnaître que la volatilité est inhérente aux cryptomonnaies. Comprendre que les prix peuvent varier considérablement sur de courtes périodes est essentiel pour éviter de réagir de manière excessive aux mouvements du marché.

Diversifier votre portefeuille est une stratégie courante pour atténuer les effets de la volatilité. En investissant dans plusieurs cryptomonnaies et d'autres classes d'actifs, vous répartissez les risques et réduisez l'impact d'une chute de valeur d'une seule monnaie.

Fixez des limites claires pour vos transactions. Établissez des niveaux de prix d'achat et de vente avant d'effectuer des transactions. Cela peut vous aider à prendre des décisions rationnelles plutôt qu'émotionnelles en cas de volatilité extrême.

Utilisez des ordres de stop-loss pour minimiser les pertes potentielles. Un ordre de stop-loss déclenchera automatiquement la vente d'une cryptomonnaie si son prix atteint un niveau que vous avez spécifié, vous protégeant ainsi contre des pertes plus importantes.

Adoptez une perspective à long terme. La volatilité à court terme peut être décourageante, mais garder à l'esprit les perspectives à plus long terme peut aider à maintenir la confiance dans vos investissements.

Gardez un œil attentif sur les nouvelles et les développements du marché. Les annonces importantes, qu'elles soient positives ou négatives, peuvent influencer considérablement les prix des cryptomonnaies. La connaissance des événements à venir peut vous aider à anticiper les mouvements du marché.

Évitez de suivre aveuglément les tendances ou les conseils populaires. Investir en fonction des rumeurs ou de l'engouement médiatique peut entraîner des décisions impulsives. Faites vos propres recherches et prenez des décisions basées sur des informations solides.

Soyez conscient de votre tolérance au risque. La volatilité peut être stressante pour certains investisseurs, il est donc important d'évaluer votre capacité à tolérer les fluctuations de prix et d'ajuster vos stratégies en conséquence.

Considérez l'adoption de méthodes d'investissement plus passives, telles que le dollar-cost averaging. Cette approche consiste à investir régulièrement un montant fixe dans une cryptomonnaie, ce qui peut atténuer les effets de la volatilité à long terme.

Enfin, gardez à l'esprit que la gestion de la volatilité des cryptomonnaies nécessite une compréhension approfondie du marché et une approche réfléchie. Prenez le temps d'apprendre sur les marchés, de consulter des sources d'information fiables et, si nécessaire, sollicitez les conseils de professionnels financiers pour élaborer des stratégies adaptées à vos objectifs et à votre tolérance au risque.

45 - Diversification avec les actifs numériques

La diversification avec les actifs numériques est une approche stratégique visant à répartir les risques et à optimiser les rendements en investissant dans une variété de cryptomonnaies et de projets blockchain. Alors que le marché des cryptomonnaies est en constante évolution et que la volatilité est présente, la diversification peut jouer un rôle crucial dans la gestion des risques et la réalisation de gains à long terme. Voici quelques stratégies à considérer pour diversifier vos investissements avec des actifs numériques.

1. Explorer différentes cryptomonnaies : Ne limitez pas vos investissements à une seule cryptomonnaie. Explorez diverses options, telles que Bitcoin, Ethereum, Ripple, Litecoin et d'autres, en fonction de leurs fonctionnalités, de leurs cas d'utilisation et de leurs équipes de développement.

2. Investir dans différentes catégories : Outre les cryptomonnaies, diversifiez vos investissements en considérant d'autres catégories d'actifs numériques, telles que les tokens de sécurité (STO) et les tokens non fongibles (NFT), qui peuvent offrir des avantages et des risques différents.

3. Étudier les projets blockchain : Explorez les projets blockchain et les plateformes qui proposent des contrats intelligents et des fonctionnalités avancées. La diversification ne se limite pas aux monnaies elles-mêmes, mais peut également inclure des investissements dans des projets blockchain prometteurs.

4. Équilibrer les risques : L'objectif de la diversification est d'équilibrer les risques. Évitez de concentrer une grande partie de votre portefeuille dans une seule cryptomonnaie, car cela pourrait exposer vos investissements à des fluctuations majeures de prix.

5. Suivre les tendances émergentes : Restez à jour avec les nouvelles tendances émergentes dans le monde des cryptomonnaies. Les domaines comme la finance décentralisée (DeFi), les NFT et les solutions d'évolutivité sont en pleine expansion et pourraient offrir des opportunités de diversification.

6. Éviter la surdiversification : Bien que la diversification soit importante, une surdiversification excessive peut diluer les gains potentiels et rendre la gestion du portefeuille plus complexe. Cherchez un équilibre entre diversification et simplicité.

7. Tenir compte de la corrélation : Étudiez la corrélation entre les différentes cryptomonnaies et actifs numériques. Une corrélation faible signifie que les actifs se comportent différemment, ce qui peut aider à réduire les risques.

8. Rééquilibrage régulier : Planifiez des périodes régulières pour rééquilibrer votre portefeuille. Au fil du temps, certains actifs pourraient surperformer d'autres, déséquilibrant votre répartition initiale.

9. Faire preuve de patience : Les marchés des cryptomonnaies peuvent être volatils à court terme, mais il est important de prendre en compte des perspectives à plus long terme. La diversification peut aider à atténuer les effets de la volatilité.

10. Faire ses propres recherches : Avant de diversifier vos investissements, faites vos propres recherches approfondies sur chaque cryptomonnaie et projet. Comprenez leurs fondamentaux, leur équipe, leur feuille de route et leurs cas d'utilisation potentiels.

En diversifiant avec des actifs numériques, vous créez une base solide pour gérer les risques et saisir les opportunités dans un marché en constante évolution. Une combinaison réfléchie de cryptomonnaies, de projets blockchain et d'autres actifs numériques peut contribuer à la stabilité et à la croissance de votre portefeuille à long terme.

46 - Investissements à long terme en cryptomonnaies

L'investissement à long terme en cryptomonnaies est une stratégie qui vise à capitaliser sur le potentiel de croissance à long terme de cette classe d'actifs numériques. Cette approche nécessite une compréhension profonde du marché des cryptomonnaies et une perspective à long terme, en tenant compte des avantages et des défis inhérents à cette stratégie.

L'un des avantages clés de l'investissement à long terme est la possibilité de profiter des cycles de marché. Bien que les cryptomonnaies soient sujettes à des fluctuations à court terme, l'historique a montré que les marchés tendent à connaître des périodes de croissance significative après des corrections. L'investissement à long terme permet aux investisseurs de traverser ces cycles sans être affectés par les mouvements à court terme.

La technologie sous-jacente des cryptomonnaies, la blockchain, est considérée comme révolutionnaire et présente un potentiel de perturbation dans de nombreux secteurs. Investir à long terme permet aux investisseurs de participer à cette transformation à mesure que de nouvelles applications et utilisations de la blockchain sont développées.

Cependant, l'investissement à long terme en cryptomonnaies comporte également des risques. La volatilité du marché peut créer des mouvements de prix drastiques, nécessitant une forte tolérance au risque et une préparation mentale pour faire face à ces fluctuations.

La recherche est essentielle pour l'investissement à long terme. Comprendre les fondamentaux des projets dans lesquels vous investissez, évaluer leurs équipes et leurs cas d'utilisation, et suivre les développements de l'industrie sont des éléments cruciaux pour prendre des décisions éclairées.

La gestion du portefeuille est un aspect clé de l'investissement à long terme. En diversifiant vos investissements dans plusieurs cryptomonnaies et en ajustant votre portefeuille au fil du temps, vous réduisez les risques liés à la concentration sur une seule monnaie.

L'investissement à long terme en cryptomonnaies peut offrir des opportunités de croissance significatives pour les investisseurs avertis. Cependant, il nécessite une préparation mentale, une compréhension approfondie du marché et un engagement à suivre une stratégie cohérente sur une période prolongée.

47 - Gérer les émotions face aux fluctuations

Gérer les émotions face aux fluctuations du marché des cryptomonnaies est essentiel pour prendre des décisions éclairées et éviter les réactions impulsives qui pourraient avoir un impact négatif sur vos investissements. Les fluctuations de prix sont courantes dans ce domaine, et adopter des stratégies pour faire face aux émotions est crucial pour un investissement réussi à long terme.

La première étape est la conscience de vos émotions. Reconnaissez que l'investissement en cryptomonnaies peut susciter des sentiments tels que la peur, l'avidité, l'anxiété et l'excitation. Comprendre vos émotions vous aidera à les gérer de manière plus constructive.

Éduquez-vous sur les cryptomonnaies et la technologie blockchain. Une compréhension approfondie des fondamentaux peut renforcer votre confiance et réduire l'incertitude qui peut alimenter les émotions négatives.

Établissez des objectifs et des stratégies clairs. Définir des objectifs d'investissement à long terme et des stratégies pour les atteindre peut vous aider à garder le cap malgré les fluctuations à court terme.

Évitez de suivre les foules et les tendances. Les mouvements de prix influencés par la peur et l'excitation peuvent vous inciter à prendre des décisions impulsives. Basez vos choix sur des analyses objectives plutôt que sur des réactions émotionnelles.

Utilisez des ordres de stop-loss pour automatiser vos ventes à des niveaux prédéterminés. Cela peut vous aider à limiter les pertes en cas de baisse des prix, évitant ainsi les réactions impulsives en situation de stress.

Prenez des pauses régulières. L'observation constante des fluctuations peut susciter des émotions intenses. Prendre des pauses permet de prendre du recul et de réduire l'impact émotionnel.

Pratiquez la gestion du stress et des émotions. Les techniques telles que la méditation, la respiration profonde et l'exercice physique peuvent aider à calmer l'esprit et à maintenir une perspective équilibrée.

Consultez des sources d'information fiables. Suivre les nouvelles et les analyses de professionnels peut vous aider à comprendre les raisons sous-jacentes des fluctuations et à prendre des décisions plus éclairées.

Discutez avec d'autres investisseurs. Partager vos expériences et vos inquiétudes avec d'autres personnes peut vous aider à réaliser que vous n'êtes pas seul dans cette situation et à obtenir des perspectives différentes.

Gardez à l'esprit que la gestion des émotions est un aspect essentiel de l'investissement en cryptomonnaies. En développant des stratégies pour faire face aux émotions, vous pouvez prendre des décisions plus rationnelles et bien informées, ce qui est crucial pour réussir dans ce domaine volatile et en constante évolution.

48 - Empreinte carbone des cryptomonnaies

Comprendre et gérer l'empreinte carbone des cryptomonnaies est devenu un enjeu important alors que la sensibilisation à l'impact environnemental de l'industrie des cryptomonnaies continue de croître. La consommation d'énergie et les émissions de carbone associées à l'extraction minière et à la validation des transactions ont suscité des préoccupations.

Voici comment gérer cette préoccupation tout en participant au marché des cryptomonnaies.

Évaluer les projets écologiques : Certaines cryptomonnaies et projets blockchain adoptent des protocoles écoénergétiques, comme la preuve d'enjeu (PoS) plutôt que la preuve de travail (PoW). Recherchez des projets qui minimisent leur empreinte carbone en mettant l'accent sur l'efficacité énergétique.

Considérer les alternatives énergétiques : Recherchez des projets qui utilisent des sources d'énergie renouvelable, comme l'énergie solaire ou éolienne, pour alimenter leurs opérations. Ces initiatives peuvent réduire considérablement l'impact environnemental.

Soutenir les initiatives de durabilité : Certaines communautés et projets travaillent activement à réduire l'empreinte carbone de l'industrie. Investir dans des projets qui intègrent des stratégies de durabilité peut encourager d'autres initiatives similaires.

Participer à des solutions de compensation : Certaines plateformes de cryptomonnaies offrent des options pour compenser les émissions de carbone générées par les transactions. En choisissant ces options, vous pouvez contribuer à des projets environnementaux pour équilibrer l'impact.

Suivre les développements technologiques : L'industrie des cryptomonnaies est en constante évolution. Des innovations technologiques visant à améliorer l'efficacité énergétique émergent régulièrement. Suivre ces développements peut vous aider à identifier des options plus durables.

Investir dans des projets verts : Si la durabilité environnementale est une préoccupation majeure pour vous, envisagez d'investir dans des projets spécifiquement axés sur des solutions vertes et durables.

Éduquer et sensibiliser : Plus la demande pour des solutions durables est forte, plus les projets seront incités à adopter des pratiques respectueuses de l'environnement. En sensibilisant d'autres investisseurs et utilisateurs, vous pouvez contribuer à promouvoir des pratiques plus écologiques.

Gérer l'empreinte carbone des cryptomonnaies nécessite un équilibre entre la participation au marché des cryptomonnaies et la prise en compte des préoccupations environnementales. En choisissant judicieusement les projets, en soutenant les initiatives durables et en surveillant les développements de l'industrie, vous pouvez contribuer à un écosystème de cryptomonnaies plus respectueux de l'environnement.

49 - Responsabilité sociale des projets blockchain

La responsabilité sociale des projets blockchain est devenue une préoccupation croissante à mesure que l'industrie évolue et se développe. Les projets blockchain, en raison de leur nature décentralisée et de leurs impacts potentiels, ont la capacité d'influencer divers aspects sociaux, économiques et environnementaux. Voici comment aborder la responsabilité sociale dans le contexte des projets blockchain.

Transparence et gouvernance : Les projets blockchain doivent adopter des pratiques de transparence et de gouvernance claires. La prise de décision ouverte et participative peut aider à éviter les problèmes potentiels liés à la centralisation du pouvoir.

Impact environnemental : La consommation d'énergie et l'empreinte carbone des projets blockchain, en particulier ceux basés sur la preuve de travail (PoW), sont des préoccupations majeures. Les projets peuvent chercher à adopter des mécanismes de consensus plus écoénergétiques, comme la preuve d'enjeu (PoS) ou des protocoles éco-responsables.

Inclusion financière : Les projets blockchain ont le potentiel d'améliorer l'inclusion financière en fournissant des services financiers à des populations non bancarisées. En se concentrant sur l'accès et l'éducation, les projets peuvent avoir un impact positif sur la vie de millions de personnes.

Protection de la vie privée : La protection de la vie privée et la sécurité des données sont des préoccupations majeures. Les projets blockchain doivent mettre en place des mesures pour protéger les données personnelles des utilisateurs et garantir leur confidentialité.

Éducation et sensibilisation : Les projets blockchain ont un rôle à jouer dans l'éducation des utilisateurs sur les avantages, les risques et les bonnes pratiques liées à cette technologie. Une meilleure compréhension peut aider à éviter les abus et les erreurs.

Lutte contre la fraude et la corruption : La transparence inhérente à la technologie blockchain peut contribuer à la lutte contre la fraude et la corruption. Les projets peuvent mettre en œuvre des mécanismes pour surveiller et signaler les activités suspectes.

Implication communautaire : Les projets blockchain peuvent s'impliquer dans des initiatives sociales et caritatives au sein de leurs communautés. L'impact positif au niveau local peut renforcer la légitimité et la confiance dans le projet.

Éthique des contrats intelligents : Les contrats intelligents automatisent les transactions, mais leur mise en œuvre doit respecter des normes éthiques et légales. Les projets doivent s'assurer que leurs contrats intelligents ne nuisent pas aux parties impliquées.

Respect de la réglementation : Les projets blockchain doivent se conformer aux lois et réglementations en vigueur dans les juridictions où ils opèrent. La conformité est essentielle pour établir des relations positives avec les régulateurs et les gouvernements.

La responsabilité sociale des projets blockchain nécessite une approche holistique et proactive. En abordant ces considérations et en adoptant des pratiques socialement responsables, les projets blockchain peuvent non seulement promouvoir leur propre succès, mais également contribuer positivement à la société dans son ensemble.

50 - Cryptomonnaies quantiques : implications

L'émergence des cryptomonnaies quantiques suscite un débat passionnant et complexe au sein de la communauté des cryptomonnaies et au-delà. Alors que les avancées dans le domaine de l'informatique quantique se multiplient, les implications pour la sécurité et la stabilité des systèmes de cryptomonnaies traditionnels attirent de plus en plus l'attention. Plongeons plus profondément dans les aspects clés de cette discussion.

L'aspect le plus crucial des cryptomonnaies quantiques est la menace potentielle pour la sécurité des transactions et des données. La cryptographie asymétrique, qui repose sur la difficulté de factoriser de grands nombres premiers, est au cœur de la sécurité des systèmes de cryptomonnaies. Les ordinateurs quantiques, dotés de la capacité de réaliser des calculs massivement parallèles, pourraient potentiellement casser ces algorithmes de chiffrement traditionnels en un temps beaucoup plus court que les ordinateurs classiques. Cela remet en question la confidentialité et l'intégrité des transactions, ainsi que la sécurité des portefeuilles de cryptomonnaies.

Pour répondre à cette menace, la transition vers la cryptographie quantique est souvent évoquée comme une solution potentielle. Les protocoles de cryptographie quantique reposent sur les principes fondamentaux de la mécanique quantique, comme l'incertitude quantique et l'intrication. Ces protocoles offrent une sécurité renforcée contre les attaques quantiques et pourraient potentiellement protéger les systèmes de cryptomonnaies contre les ordinateurs quantiques.

Cependant, la transition vers la cryptographie quantique n'est pas sans défis. Les protocoles existants devraient être repensés pour intégrer des mécanismes quantiques, et de nouveaux protocoles doivent être développés et testés. De plus, la transition elle-même pourrait être un processus complexe et risqué, nécessitant la coordination de l'ensemble de la communauté des cryptomonnaies.

Une autre approche consiste en la coexistence entre la cryptographie classique et la cryptographie quantique. Les systèmes pourraient utiliser la cryptographie quantique pour sécuriser les clés et les transactions tout en continuant à utiliser la cryptographie classique pour d'autres aspects. Cela pourrait offrir une transition plus fluide vers la sécurité quantique tout en minimisant les perturbations.

Une considération essentielle est également l'impact sur les portefeuilles de cryptomonnaies. Les clés privées, qui sont au cœur de la sécurité des portefeuilles, pourraient être vulnérables aux attaques quantiques. Les projets devraient envisager des solutions de gestion des clés adaptées à l'ère quantique pour protéger les actifs des utilisateurs.

La collaboration entre les experts en cryptographie, en sécurité et en informatique quantique est d'une importance capitale pour relever ces défis. La recherche conjointe et la communication entre ces domaines peuvent conduire au développement de solutions efficaces et durables.

Les implications des cryptomonnaies quantiques sont vastes et complexes. Tandis que l'industrie des cryptomonnaies continue d'évoluer, les décisions prises aujourd'hui auront des répercussions durables sur la sécurité et la stabilité de ces systèmes à l'ère de l'informatique quantique. En gardant à l'esprit l'importance de la sécurité, de la collaboration et de l'adaptabilité, la communauté des cryptomonnaies peut se préparer à affronter les défis et à saisir les opportunités de cette nouvelle ère technologique.

51 - IA et cryptomonnaies

L'intersection entre l'intelligence artificielle (IA) et les cryptomonnaies est un domaine en plein essor qui suscite de nombreuses réflexions sur les opportunités et les défis qu'il présente. L'application de l'IA aux cryptomonnaies peut avoir un impact significatif sur divers aspects, allant de la sécurité à la prise de décision automatisée.

Amélioration de la sécurité : L'IA peut être utilisée pour renforcer la sécurité des transactions et des portefeuilles de cryptomonnaies. Les algorithmes d'IA peuvent détecter les activités frauduleuses, les comportements suspects et les tentatives d'intrusion, contribuant ainsi à réduire les risques de piratage et de vol.

Analyse de données : L'IA peut être déployée pour analyser d'énormes volumes de données provenant des marchés des cryptomonnaies. Cela peut aider les investisseurs à identifier les tendances, les modèles et les signaux de trading, facilitant ainsi la prise de décision éclairée.

Trading automatisé : Les algorithmes d'IA peuvent être utilisés pour le trading automatisé, où des décisions d'achat et de vente sont prises en fonction de signaux prédéfinis. Cela peut potentiellement améliorer l'efficacité des opérations de trading en réagissant rapidement aux changements du marché.

Prédiction des prix : L'IA peut être utilisée pour élaborer des modèles de prédiction des prix des cryptomonnaies en analysant les données historiques et en tenant compte des facteurs externes. Cependant, les prédictions basées sur l'IA peuvent être sujettes à des erreurs et à l'incertitude inhérente aux marchés.

Personnalisation des services : L'IA peut être employée pour personnaliser les services financiers basés sur les cryptomonnaies en fonction des besoins individuels des utilisateurs. Cela pourrait améliorer l'expérience des utilisateurs et faciliter l'adoption.

Détection des anomalies : L'IA peut être utilisée pour repérer les transactions et les activités inhabituelles dans les chaînes de blocs, ce qui peut contribuer à identifier les activités illégales ou frauduleuses.

Diversification des applications : L'intégration de l'IA dans les cryptomonnaies peut ouvrir de nouvelles applications, telles que les contrats intelligents améliorés, les plateformes de prêt automatisées et les systèmes de vote décentralisés plus sophistiqués.

Évolution des défis : Cependant, l'intégration de l'IA soulève également des défis, notamment en ce qui concerne la confidentialité des données, la transparence des algorithmes et les biais potentiels dans les prédictions et les décisions automatisées.

Besoin d'une expertise interdisciplinaire : Pour exploiter pleinement le potentiel de l'IA dans les cryptomonnaies, une collaboration entre experts en IA, en cryptographie et en finance est essentielle. Cela garantit que les solutions développées sont robustes et adaptées aux besoins du marché.

L'impact de l'IA sur les cryptomonnaies est encore en train de se dessiner. Alors que les avantages et les défis continuent d'être explorés, il est clair que cette convergence offre de nouvelles opportunités pour améliorer la sécurité, l'efficacité et l'accessibilité des cryptomonnaies tout en nécessitant une réflexion attentive sur les implications éthiques et la régulation.

52 - Expliquer les cryptomonnaies à ses proches

Expliquer les cryptomonnaies à ses proches peut être un défi, surtout si le concept est nouveau pour eux. Commencer par les bases est essentiel. Imaginez que les cryptomonnaies sont comme de l'argent numérique. Tout comme vous pouvez envoyer des e-mails au lieu de lettres physiques, les cryptomonnaies vous permettent d'envoyer de l'argent numérique directement à quelqu'un d'autre, sans avoir besoin d'une banque intermédiaire.

Pour rendre l'idée plus concrète, vous pouvez comparer les cryptomonnaies à des jetons dans un jeu vidéo. Ces jetons ont une valeur dans le monde virtuel, et de la même manière, les cryptomonnaies ont une valeur dans le monde numérique. Cependant, contrairement aux jetons de jeu, les cryptomonnaies peuvent être échangées contre de l'argent réel ou utilisées pour des achats en ligne.

Ensuite, vous pourriez expliquer le concept de la technologie blockchain. Imaginez la blockchain comme un grand livre de comptes numérique partagé entre de nombreuses personnes. Chaque fois qu'une transaction de cryptomonnaie a lieu, elle est enregistrée dans un "bloc" et ajoutée à la "chaîne" existante de transactions. Cela rend les transactions transparentes et sécurisées, car chaque bloc est lié au précédent.

L'une des raisons pour lesquelles les gens s'intéressent aux cryptomonnaies est leur potentiel d'investissement. Cependant, il est important de noter que les valeurs des cryptomonnaies peuvent être très volatiles. Vous pourriez faire une analogie avec la bourse : tout comme les actions peuvent augmenter ou diminuer rapidement, les valeurs des cryptomonnaies peuvent également fluctuer rapidement.

En ce qui concerne la sécurité, expliquez que les cryptomonnaies sont stockées dans des "portefeuilles numériques" sécurisés, accessibles par des clés privées. Ces clés sont essentielles pour accéder à vos fonds, donc il est crucial de les protéger. Vous pourriez comparer cela à un mot de passe pour votre compte en banque, mais en beaucoup plus sécurisé.

Pour résumer, expliquer les cryptomonnaies à vos proches nécessite de simplifier les concepts tout en utilisant des analogies familières. Commencez par les bases, abordez la technologie blockchain et mettez l'accent sur la sécurité et la volatilité. En rendant le sujet accessible et en répondant à leurs questions, vous pouvez contribuer à une compréhension plus claire des cryptomonnaies.

53 - Participer aux communautés en ligne

Participer aux communautés en ligne liées aux cryptomonnaies peut être une aventure passionnante qui vous permet de vous immerger dans un environnement riche en connaissances et en discussions. Cependant, si vous êtes novice dans ce domaine, cela peut également sembler intimidant. Voici quelques conseils pour vous aider à naviguer dans ces espaces virtuels avec confiance et efficacité.

Tout d'abord, il est important de considérer ces communautés en ligne comme des forums dynamiques où des individus partageant un intérêt commun se rassemblent pour échanger des idées, poser des questions et discuter des dernières tendances et développements dans le monde des cryptomonnaies. Pour commencer, cherchez des groupes ou des forums pertinents sur des plateformes sociales telles que Reddit, Twitter, Telegram ou Discord.

Une approche prudente mais ouverte est généralement la meilleure façon d'aborder ces espaces. Lorsque vous rejoignez une communauté, prenez le temps d'observer. Lisez les discussions en cours, les questions posées par d'autres membres et les réponses fournies. Cela vous aidera à comprendre la dynamique de la communauté, les sujets qui suscitent le plus d'intérêt et la manière dont les membres interagissent entre eux.

Lorsque vous vous sentez suffisamment à l'aise, n'hésitez pas à poser vos propres questions. Les communautés en ligne sont souvent accueillantes envers les débutants curieux qui cherchent à en apprendre davantage. Cependant, il est toujours préférable de faire des recherches préliminaires avant de poser une question. Les membres seront plus enclins à répondre si vous montrez que vous avez pris le temps de comprendre les bases.

Partager vos propres connaissances et expériences peut également être extrêmement gratifiant. Si vous avez fait une découverte intéressante ou si vous avez une perspective unique sur un sujet, n'hésitez pas à la partager. Les discussions en ligne sont alimentées par la diversité des points de vue, et votre contribution peut enrichir le dialogue.

Cependant, il est important de toujours faire preuve d'une certaine prudence en ligne. Respectez les règles et les normes du groupe. Soyez respectueux dans vos interactions, même si vous êtes en désaccord avec d'autres membres. Les discussions passionnées peuvent parfois mener à des désaccords, mais il est crucial de maintenir une communication respectueuse et constructive.

Il est également essentiel de garder à l'esprit que les opinions dans les communautés en ligne peuvent varier considérablement. Ne suivez pas aveuglément les conseils ou les opinions des autres. Faites vos propres recherches, questionnez les informations et prenez des décisions éclairées basées sur une compréhension solide.

Participer aux communautés en ligne liées aux cryptomonnaies peut être une excellente façon de vous immerger dans ce domaine en constante évolution. En observant attentivement, en posant des questions pertinentes, en partageant vos connaissances et en maintenant une communication respectueuse, vous pouvez tirer le meilleur parti de cette expérience virtuelle et enrichissante.

54 - Sites et forums pour se tenir informé

Se tenir informé des dernières nouvelles et des développements dans le domaine des cryptomonnaies est essentiel pour rester au courant des tendances, des opportunités et des défis. Les sites et forums en ligne offrent une multitude de ressources pour ceux qui souhaitent rester informés de manière continue et éclairée.

Tout d'abord, les sites d'actualités dédiés aux cryptomonnaies sont d'excellentes sources d'informations. Des plateformes telles que CoinDesk, CryptoSlate, CoinTelegraph et NewsBTC proposent des articles, des analyses et des mises à jour quotidiennes sur les événements liés aux cryptomonnaies et à la blockchain. En consultant régulièrement ces sites, vous pouvez obtenir un aperçu des nouvelles importantes et des développements récents.

Les forums de discussion en ligne sont un autre moyen précieux de se tenir informé. Reddit est une plateforme populaire pour les discussions liées aux cryptomonnaies, avec des sous-forums comme r/cryptocurrency et r/bitcoin. Ces espaces permettent aux membres de partager des nouvelles, des analyses et des points de vue sur différents aspects du monde des cryptomonnaies. Cependant, gardez à l'esprit que les discussions peuvent être variées et qu'il est important de vérifier les informations avant de prendre des décisions.

Les médias sociaux jouent également un rôle majeur dans la diffusion d'informations sur les cryptomonnaies. Les comptes Twitter de personnalités influentes de l'industrie, ainsi que les hashtags pertinents tels que #cryptocurrency et #blockchain, peuvent vous fournir des mises à jour rapides sur les nouvelles et les tendances émergentes.

Les plateformes de messagerie instantanée comme Telegram sont également utilisées par de nombreux projets de cryptomonnaies pour partager des informations et interagir avec leur communauté. Rejoindre les canaux Telegram officiels de projets qui vous intéressent peut vous permettre d'obtenir des mises à jour directement des équipes derrière ces projets.

Pour tirer pleinement parti de ces ressources, il est conseillé de diversifier vos sources d'informations. Comparez les nouvelles et les analyses provenant de différentes sources pour obtenir une perspective équilibrée. Prenez également le temps de faire vos propres recherches lorsque vous trouvez une information importante.

En somme, les sites d'actualités, les forums en ligne, les médias sociaux et les plateformes de messagerie instantanée sont autant d'outils précieux pour rester informé dans le domaine des cryptomonnaies. En utilisant ces ressources avec discernement, vous pouvez vous tenir au courant des développements, des opportunités et des défis qui façonnent constamment ce secteur en évolution rapide.

55 - Outils d'analyse et de suivi

Dans le monde des cryptomonnaies en constante évolution, disposer d'outils d'analyse et de suivi est essentiel pour prendre des décisions éclairées et gérer efficacement vos investissements. Ces outils vous aident à suivre les mouvements du marché, à analyser les tendances et à rester informé des performances de vos actifs numériques.

Plateformes de suivi de marché : Des sites web et des applications dédiés au suivi de marché, tels que CoinMarketCap, CoinGecko et CryptoCompare, offrent une vue d'ensemble des cryptomonnaies disponibles, de leurs prix, de leur capitalisation boursière et de bien d'autres données pertinentes. Vous pouvez personnaliser vos recherches pour afficher les informations spécifiques qui vous intéressent.

Applications mobiles : De nombreuses applications mobiles proposent des fonctionnalités de suivi de cryptomonnaies. Ces applications vous permettent de surveiller les prix en temps réel, de recevoir des alertes de prix et de consulter des graphiques interactifs pour analyser les performances historiques.

Tableaux de bord personnalisables : Certains outils vous permettent de créer des tableaux de bord personnalisés en agrégeant les données de plusieurs sources. Cela vous offre une vue complète de vos actifs et de leurs performances sur une seule interface.

Graphiques et analyses techniques : Les plateformes telles que TradingView proposent des graphiques avancés et des outils d'analyse technique pour évaluer les tendances et les modèles de prix. L'analyse technique peut vous aider à prendre des décisions de trading basées sur les mouvements historiques des prix.

Alertes personnalisées : De nombreux outils vous permettent de définir des alertes personnalisées en fonction de vos critères. Par exemple, vous pouvez recevoir une notification lorsque le prix d'une cryptomonnaie atteint un certain seuil.

Réseaux sociaux et agrégateurs d'actualités : Les plateformes comme Twitter et des agrégateurs d'actualités spécialisés vous permettent de suivre les actualités, les commentaires et les analyses des experts de l'industrie. Cela peut vous aider à obtenir des informations rapides sur les développements récents.

Portefeuilles et échanges avec suivi intégré : Certains portefeuilles de cryptomonnaies et plateformes d'échanges proposent des fonctionnalités de suivi intégré. Cela vous permet de voir la valeur totale de vos actifs en temps réel directement depuis votre portefeuille ou compte d'échange.

En utilisant ces outils d'analyse et de suivi, vous pouvez avoir une vue d'ensemble détaillée du marché des cryptomonnaies et de vos investissements. Cela vous aide à prendre des décisions plus éclairées, à ajuster vos stratégies en fonction des tendances du marché et à rester informé des nouvelles et des développements importants dans cet espace dynamique.

56 - Démystifier les idées fausses

Démystifier les idées fausses courantes sur les cryptomonnaies est crucial pour une compréhension précise et équilibrée de ce domaine.

Voici quelques idées fausses fréquentes et les explications pour les rectifier :

Idée fausse : Les cryptomonnaies sont illégales ou utilisées uniquement pour des activités illégales.

Réponse : Les cryptomonnaies ne sont pas illégales en soi. De nombreux pays reconnaissent et régulent les cryptomonnaies. Bien qu'elles aient été utilisées dans le passé pour des activités illégales en raison de leur pseudonymat, elles sont également utilisées légitimement pour des transactions, des investissements et des applications technologiques.

Idée fausse : Les cryptomonnaies sont toutes similaires à Bitcoin.

Réponse : Bitcoin est la première cryptomonnaie et la plus connue, mais il existe des milliers d'autres cryptomonnaies avec des objectifs et des technologies différents. Chacune a ses propres caractéristiques et cas d'utilisation.

Idée fausse : Les cryptomonnaies sont anonymes.

Réponse : Les transactions de cryptomonnaies sont enregistrées sur la blockchain, un registre public et transparent. Bien que les adresses des utilisateurs soient pseudonymes, les transactions peuvent être retracées. Certaines cryptomonnaies proposent des fonctionnalités de confidentialité, mais elles ne garantissent pas un anonymat complet.

Idée fausse : Les cryptomonnaies sont sûres à 100%.

Réponse : Bien que les technologies blockchain offrent des niveaux de sécurité élevés, les échanges, les portefeuilles en ligne et les projets moins connus peuvent présenter des risques de piratage ou de fraude. La sécurité dépend souvent des précautions prises par l'utilisateur.

Idée fausse : Les cryptomonnaies sont des investissements garantis pour devenir riches rapidement.

Réponse : Les valeurs des cryptomonnaies peuvent être très volatiles et il n'y a aucune garantie de rendement financier. Investir dans les cryptomonnaies nécessite une compréhension solide et une gestion prudente des risques.

Idée fausse : La blockchain résout tous les problèmes.

Réponse : La technologie blockchain a des applications potentiellement révolutionnaires, mais elle n'est pas une solution miracle pour tous les problèmes. Son adoption nécessite souvent des ajustements et des compromis.

Idée fausse : Les cryptomonnaies sont uniquement utilisées pour le paiement.

Réponse : Les cryptomonnaies ont évolué pour inclure des fonctionnalités telles que les contrats intelligents, la gouvernance décentralisée, les NFT et plus encore. Elles ont des utilisations bien au-delà des simples paiements.

Idée fausse : Les cryptomonnaies sont trop complexes pour être comprises.

Réponse : Bien que les concepts puissent sembler complexes au début, une exploration progressive et l'utilisation de ressources éducatives peuvent grandement améliorer la compréhension des cryptomonnaies.

En résumé, en démystifiant les idées fausses sur les cryptomonnaies, vous pouvez favoriser une compréhension plus précise et équilibrée de ce domaine en constante évolution. Il est important de remettre en question les croyances courantes et de s'appuyer sur des informations vérifiables pour développer une perspective informée.

57 - Risques réels vs exagérations médiatiques

Distinguer les risques réels des exagérations médiatiques dans le domaine des cryptomonnaies est essentiel pour une évaluation équilibrée des opportunités et des défis.

Voici quelques exemples de risques réels et de situations médiatiques exagérées pour vous aider à mieux comprendre.

Risque réel : Volatilité des prix

Les cryptomonnaies sont connues pour leur volatilité extrême. Les variations de prix rapides et importantes peuvent entraîner des gains importants, mais aussi des pertes considérables pour les investisseurs. C'est un risque réel qui nécessite une gestion prudente des investissements.

Exagération médiatique : "Devenir riche rapidement"

Certains médias ont tendance à exagérer le potentiel de devenir rapidement riche en investissant dans les cryptomonnaies. Bien qu'il y ait eu des cas de succès remarquables, il est important de rappeler que les gains ne sont pas garantis et que les investissements doivent être basés sur des analyses approfondies.

Risque réel : Sécurité des échanges et des portefeuilles

Les échanges de cryptomonnaies et les portefeuilles en ligne peuvent être vulnérables aux piratages et aux attaques malveillantes. Il y a eu plusieurs incidents majeurs de vol de cryptomonnaies à cause de failles de sécurité. La sécurité doit être une priorité absolue lors de l'utilisation de ces plateformes.

Exagération médiatique : "Toutes les cryptomonnaies sont des arnaques"

Bien que certains projets illégitimes existent, il est exagéré de qualifier toutes les cryptomonnaies d'arnaques. Il y a de nombreux projets sérieux avec des équipes dévouées travaillant sur des technologies innovantes. Il est important de faire des recherches approfondies avant de conclure qu'une cryptomonnaie est une arnaque.

Risque réel : Régulation gouvernementale

La régulation gouvernementale est un sujet préoccupant pour les cryptomonnaies. Les gouvernements peuvent introduire des réglementations qui ont un impact sur l'utilisation, l'échange et l'investissement dans les cryptomonnaies. Les changements réglementaires peuvent influencer les marchés de manière significative.

Exagération médiatique : "Les cryptomonnaies vont éliminer les monnaies traditionnelles"

Bien que les cryptomonnaies aient le potentiel de perturber les systèmes financiers traditionnels, il est peu probable qu'elles éliminent complètement les monnaies fiduciaires. Les cryptomonnaies peuvent coexister et compléter les monnaies traditionnelles.

Risque réel : Perte de clés d'accès

La perte des clés privées nécessaires pour accéder à vos cryptomonnaies peut entraîner une perte permanente de vos fonds. La gestion sécurisée de ces clés est essentielle pour éviter cette situation.

Exagération médiatique : "Tout le monde devrait investir dans les cryptomonnaies"

Bien que l'investissement dans les cryptomonnaies puisse être une option pour certains, ce n'est pas adapté à tout le monde. Chacun a des besoins financiers et des tolérances au risque différentes. Il est important de prendre des décisions d'investissement en fonction de votre situation financière et de vos objectifs.

En conclusion, discerner les risques réels des exagérations médiatiques est essentiel pour une compréhension équilibrée des cryptomonnaies. Il est conseillé de rester informé à partir de sources fiables, de faire des recherches approfondies et de maintenir une approche prudente lors de l'exploration de cet espace financier en constante évolution.

58 - Cryptomonnaies dans le secteur de la santé

Comprendre le rôle des cryptomonnaies dans le secteur de la santé nécessite de distinguer les avantages réels des exagérations médiatiques. Voici quelques points pour vous aider à discerner les faits des hypothèses dans ce domaine en pleine évolution.

Les cryptomonnaies et la technologie blockchain peuvent améliorer la sécurité et la gestion des données médicales. Les dossiers médicaux sécurisés sur la blockchain permettraient aux patients de contrôler l'accès à leurs informations tout en facilitant le partage sécurisé entre les professionnels de la santé. Cela pourrait réduire les erreurs médicales, améliorer les soins et renforcer la confidentialité des données sensibles.

Cependant, certaines revendications médiatiques exagérées envisagent une révolution complète de la médecine grâce aux cryptomonnaies, ce qui peut créer des attentes irréalistes. Bien que les technologies de blockchain aient le potentiel d'apporter des améliorations significatives, elles ne peuvent pas résoudre tous les problèmes du secteur de la santé en un instant.

Un autre avantage réel réside dans la gestion des médicaments contrefaits. Les cryptomonnaies peuvent être utilisées pour créer des systèmes de suivi transparents de la chaîne d'approvisionnement pharmaceutique. Cela aiderait à réduire la circulation de médicaments contrefaits, améliorant ainsi la sécurité des patients.

Cependant, il est essentiel de rester critique face aux affirmations sensationnalistes selon lesquelles les cryptomonnaies éradiqueront complètement le problème de contrefaçon des médicaments. La mise en œuvre de tels systèmes nécessite une collaboration entre l'industrie pharmaceutique, les régulateurs et les technologies de blockchain, ce qui peut prendre du temps.

La facilitation des paiements transfrontaliers dans le domaine de la santé est également un avantage potentiel des cryptomonnaies. Les paiements internationaux pour les traitements médicaux pourraient être simplifiés grâce aux transactions rapides et peu coûteuses des cryptomonnaies.

Cependant, il est important de reconnaître que l'adoption généralisée des cryptomonnaies pour les paiements de santé nécessite des ajustements réglementaires et une acceptation plus large de la part des prestataires de soins de santé. Les défis liés à la volatilité des prix et aux réglementations financières doivent également être pris en compte.

Les cryptomonnaies ont le potentiel d'apporter des améliorations significatives au secteur de la santé, mais il est crucial de maintenir un équilibre entre les avantages réels et les revendications exagérées. L'exploration de ces opportunités doit être guidée par des faits, des recherches approfondies et une compréhension réaliste des défis à relever.

59 - Cryptomonnaies et inclusion financière

Comprendre le lien entre les cryptomonnaies et l'inclusion financière nécessite une évaluation équilibrée des avantages concrets par rapport aux hypothèses médiatiques. Voici quelques éléments pour vous aider à discerner les faits des exagérations dans ce contexte.

Les cryptomonnaies ont le potentiel de favoriser l'inclusion financière en fournissant un accès à des services financiers à des populations qui n'y avaient pas facilement accès auparavant. Dans de nombreuses régions du monde, des millions de personnes n'ont pas de compte bancaire traditionnel. Les cryptomonnaies peuvent leur offrir un moyen de stocker, d'envoyer et de recevoir de l'argent sans nécessiter de comptes bancaires traditionnels.

Cependant, il est important de ne pas exagérer ces avantages potentiels. L'adoption des cryptomonnaies comme moyen de paiement nécessite un accès à Internet et à des appareils compatibles. Dans certaines régions, ces ressources peuvent encore être limitées, ce qui limite l'accessibilité des cryptomonnaies.

En outre, la volatilité des prix des cryptomonnaies peut être un obstacle à l'inclusion financière. Les personnes à faible revenu peuvent être particulièrement vulnérables aux pertes financières en raison de la volatilité des prix. Cela peut contrecarrer les avantages que les cryptomonnaies pourraient offrir en termes d'inclusion financière.

Un autre aspect important est la réglementation. Les réglementations sur les cryptomonnaies varient d'un pays à l'autre et peuvent avoir un impact sur leur utilisation pour l'inclusion financière. Une réglementation excessive ou incohérente peut entraver l'adoption des cryptomonnaies et leur potentiel d'inclusion financière.

L'aspect éducatif joue également un rôle crucial dans l'inclusion financière grâce aux cryptomonnaies. Pour que les personnes puissent utiliser en toute sécurité et efficacité les cryptomonnaies, elles doivent comprendre comment fonctionnent ces technologies, comment sécuriser leurs fonds et comment éviter les arnaques. La sensibilisation et l'éducation sont essentielles pour maximiser les avantages de l'inclusion financière par le biais des cryptomonnaies.

Bien que les cryptomonnaies aient le potentiel d'améliorer l'inclusion financière, il est important de garder une perspective équilibrée. Les avantages sont réels, mais il existe également des défis liés à l'accessibilité, à la réglementation, à la volatilité et à l'éducation. L'exploration de ces possibilités doit être basée sur des faits concrets et une compréhension réaliste des circonstances spécifiques à chaque région.

60 - Intégrer l'éducation aux cryptomonnaies à l'école

Intégrer l'éducation aux cryptomonnaies dans les programmes scolaires suscite des discussions sur les opportunités qu'elle offre ainsi que les défis à relever pour une mise en œuvre efficace. Cet ajout pourrait être une occasion d'enrichir l'apprentissage des élèves en leur fournissant une compréhension approfondie des nouvelles technologies financières, de la décentralisation et de la sécurité en ligne. Cependant, il est important d'aborder cette proposition avec une perspective équilibrée, en examinant à la fois les avantages réels et les préoccupations.

L'un des avantages clés de l'intégration de l'éducation aux cryptomonnaies dans les écoles est la possibilité d'amener les élèves à comprendre les bases de la technologie blockchain, des transactions cryptographiques et de la décentralisation. Ces sujets sont de plus en plus pertinents dans un monde numérique en évolution constante. En enseignant ces concepts, les élèves pourraient acquérir des compétences techniques précieuses qui pourraient les préparer à des carrières dans les domaines de la technologie, de la finance et de la sécurité en ligne.

Un autre avantage potentiel réside dans la sensibilisation à la sécurité en ligne et à la protection des données personnelles. Les cryptomonnaies nécessitent une compréhension de base des clés privées, des portefeuilles sécurisés et des bonnes pratiques de gestion financière en ligne. En éduquant les élèves sur ces aspects, on pourrait renforcer leur capacité à naviguer en toute sécurité dans l'univers numérique.

Cependant, il est important de considérer les défis et les préoccupations associés à l'intégration de l'éducation aux cryptomonnaies. La complexité de ces sujets peut nécessiter des ressources pédagogiques spécifiques et une formation adéquate pour les enseignants. Les programmes devraient être conçus de manière à rendre les concepts accessibles et compréhensibles pour les élèves de différents niveaux.

La volatilité des prix des cryptomonnaies est un autre facteur à prendre en compte. En exposant les élèves à ces notions financières complexes, il est crucial de mettre en avant l'importance de la prudence et de l'éducation financière. Les élèves doivent comprendre que les investissements spéculatifs comportent des risques et qu'une approche équilibrée est essentielle.

L'équilibre entre objectivité et impartialité est une autre considération importante. L'enseignement des cryptomonnaies devrait présenter une gamme diversifiée de perspectives, sans favoriser ni critiquer excessivement ces technologies. Les élèves devraient être encouragés à poser des questions critiques et à développer leur propre compréhension.

L'intégration de l'éducation aux cryptomonnaies à l'école offre des avantages potentiels en termes de compréhension technologique et de sensibilisation à la sécurité en ligne. Cependant, il est essentiel de relever les défis tels que la complexité des sujets, la volatilité des prix et la nécessité d'une éducation équilibrée. Une approche réfléchie, basée sur des ressources solides et une perspective objective, pourrait permettre aux élèves de bénéficier au maximum de cette initiative tout en minimisant les risques potentiels.

61 - Parler des cryptomonnaies aux enfants et aux adolescents

Aborder le sujet des cryptomonnaies avec des enfants et des adolescents peut être une occasion d'encourager la compréhension des nouvelles technologies financières tout en fournissant des informations appropriées à leur niveau de développement. Cependant, il est essentiel de le faire de manière équilibrée et adaptée à leur âge, en évitant les complexités techniques et en abordant les aspects pertinents de manière compréhensible.

Lorsqu'on parle de cryptomonnaies aux enfants, il est important de commencer par les bases. Expliquez-leur que les cryptomonnaies sont des formes numériques d'argent qui sont stockées sur des ordinateurs plutôt que dans des portefeuilles physiques. Utilisez des analogies simples pour illustrer les concepts, par exemple en comparant les cryptomonnaies à des jetons utilisés dans les jeux vidéo.

Lorsque vous abordez les adolescents, vous pouvez introduire des notions légèrement plus avancées. Expliquez-leur comment les transactions de cryptomonnaies sont enregistrées sur une technologie appelée "blockchain", qui est un registre public et sécurisé de toutes les transactions. Montrez-leur comment les transactions sont sécurisées à l'aide de la cryptographie.

Cependant, il est crucial de souligner que les cryptomonnaies ne sont pas dénuées de risques. Parlez-en aux adolescents de manière transparente et soulignez la volatilité des prix, les risques liés à la sécurité et les éventuelles escroqueries. Encouragez-les à poser des questions et à faire preuve de prudence s'ils envisagent de s'impliquer dans les cryptomonnaies.

Soyez attentif à la façon dont les enfants et les adolescents réagissent à l'information. Si le sujet suscite de l'intérêt, vous pouvez approfondir davantage. Si cela semble les dépasser, respectez leur rythme d'apprentissage et laissez la porte ouverte à de futures discussions.

Enfin, encouragez les discussions éthiques et morales. Parlez des avantages potentiels des cryptomonnaies, comme la facilité des transactions internationales, mais aussi des défis, tels que l'impact environnemental de certaines méthodes de minage. Aidez-les à réfléchir à ces questions de manière critique et à envisager les aspects positifs et négatifs.

Parler des cryptomonnaies aux enfants et aux adolescents peut être une opportunité d'enseigner des concepts financiers et technologiques importants. Cependant, il est essentiel de le faire de manière adaptée à leur niveau de développement, en utilisant des analogies simples et en abordant les risques de manière transparente. L'objectif est de promouvoir la compréhension, la curiosité et la pensée critique tout en maintenant une perspective équilibrée.

62 - Grands hacks de plateformes d'échange

Les grands hacks de plateformes d'échange de cryptomonnaies sont des événements qui ont eu un impact significatif sur l'industrie des cryptomonnaies et ont attiré l'attention sur les enjeux de sécurité dans cet espace. Ces incidents ont mis en évidence à la fois les vulnérabilités potentielles des plateformes d'échange et les défis liés à la protection des actifs numériques.

Lorsqu'un hack majeur survient, il implique généralement qu'une personne ou un groupe de personnes parvient à exploiter les failles de sécurité d'une plateforme d'échange pour accéder illégalement aux fonds des utilisateurs. Cela peut entraîner la perte de millions voire de milliards de dollars en cryptomonnaies. Les hackers utilisent souvent des techniques sophistiquées, telles que des vulnérabilités de logiciels, des attaques de phishing ou des compromissions de comptes.

Ces incidents ont un impact considérable sur la confiance des utilisateurs dans les plateformes d'échange et peuvent avoir des répercussions sur les marchés de cryptomonnaies plus larges. Les prix des cryptomonnaies peuvent chuter à la suite de ces attaques en raison des inquiétudes concernant la sécurité et de la crainte d'une vente massive.

Les plateformes d'échange touchées par des hacks majeurs doivent réagir rapidement pour limiter les dommages. Cela peut impliquer la fermeture temporaire de la plateforme, la notification des utilisateurs affectés et la mise en place de mesures de sécurité renforcées. Certaines plateformes ont également mis en place des fonds de remboursement pour indemniser les utilisateurs touchés par les hacks.

L'industrie des cryptomonnaies reconnaît la nécessité d'améliorer la sécurité et la protection des plateformes d'échange. Des efforts sont déployés pour développer des normes de sécurité, des protocoles de vérification et des technologies de cryptage avancées. Cependant, il est important de noter que la nature en évolution constante des cyberattaques signifie qu'aucune solution n'est infaillible.

Les grands hacks de plateformes d'échange de cryptomonnaies soulignent les risques et les défis de la sécurité dans le monde numérique. Ils mettent en évidence la nécessité d'une vigilance constante, d'investissements dans la sécurité et de la sensibilisation des utilisateurs aux meilleures pratiques de protection de leurs actifs numériques.

63 - Prévenir les attaques

La prévention des attaques dans le monde des cryptomonnaies est une préoccupation majeure pour les utilisateurs et les plateformes, compte tenu de la valeur croissante des actifs numériques et de la sophistication croissante des cybercriminels. Bien qu'il ne soit pas possible d'éliminer complètement le risque d'attaques, il existe un certain nombre de mesures essentielles que les individus et les entités peuvent prendre pour renforcer la sécurité et minimiser les risques.

L'un des piliers de la prévention des attaques est la sensibilisation. Les utilisateurs doivent être bien informés des différentes formes d'attaques possibles et des techniques utilisées par les cybercriminels pour exploiter les failles de sécurité. Des campagnes d'éducation sur les dangers du phishing, les logiciels malveillants et les attaques de type "homme du milieu" peuvent aider à armer les utilisateurs avec les connaissances nécessaires pour reconnaître et éviter les menaces.

L'authentification à deux facteurs (2FA) est une mesure de sécurité incontournable. En ajoutant une couche supplémentaire d'identification au-delà du simple mot de passe, tel qu'un code unique envoyé sur le téléphone de l'utilisateur, les comptes deviennent beaucoup plus difficiles à compromettre, même si le mot de passe est découvert. Cette méthode peut grandement réduire les risques de vol d'identité et d'accès non autorisé.

Du côté des plateformes d'échange, la sécurité doit être une priorité absolue. Les cryptomonnaies sont stockées sous forme de clés numériques et, si elles ne sont pas protégées correctement, elles peuvent être vulnérables aux attaques. L'utilisation de portefeuilles "froids", c'est-à-dire des portefeuilles hors ligne non connectés à Internet, peut considérablement réduire le risque de vol. Les plateformes doivent également mettre en œuvre des mesures de sécurité strictes, comme des tests de pénétration réguliers et des audits de sécurité.

Une partie essentielle de la prévention des attaques est la surveillance constante des vulnérabilités et des meilleures pratiques en matière de sécurité. Les vulnérabilités de logiciels sont souvent découvertes et signalées, et les correctifs de sécurité sont publiés pour résoudre ces problèmes. Les utilisateurs et les plateformes doivent rester à jour sur les dernières nouvelles en matière de sécurité et appliquer rapidement les mises à jour pour minimiser les risques.

La sécurité dans l'univers des cryptomonnaies repose sur une responsabilité partagée entre les utilisateurs et les plateformes. La vigilance, l'éducation continue et la mise en œuvre de mesures de sécurité solides sont des éléments clés pour prévenir les attaques et protéger les actifs numériques. Bien que les risques ne puissent être complètement éliminés, une approche proactive peut grandement réduire les chances de devenir une victime des cybercriminels.

64 - Intégrer les cryptomonnaies dans un portefeuille

Intégrer les cryptomonnaies dans un portefeuille est une étape essentielle pour sécuriser vos actifs numériques et gagner un contrôle direct sur vos investissements. Que vous soyez un investisseur débutant ou expérimenté, comprendre comment intégrer et gérer vos cryptomonnaies dans un portefeuille est crucial pour garantir leur sécurité et leur accessibilité à long terme.

Il existe deux principaux types de portefeuilles pour les cryptomonnaies : les portefeuilles "chauds" et les portefeuilles "froids". Un portefeuille "chaud" est connecté à Internet, ce qui facilite l'accès et les transactions, mais peut également augmenter le risque d'attaques en ligne. D'autre part, un portefeuille "froid" est déconnecté d'Internet, ce qui le rend beaucoup plus sûr, mais peut rendre l'accès et les transactions plus complexes.

Pour intégrer des cryptomonnaies dans un portefeuille "chaud", vous pouvez utiliser des portefeuilles en ligne ou des applications mobiles. Ces options offrent une commodité pour gérer vos cryptomonnaies et effectuer des transactions rapides. Cependant, il est crucial de choisir des fournisseurs réputés et de suivre des mesures de sécurité rigoureuses, comme l'authentification à deux facteurs (2FA), pour réduire les risques de vol.

Les portefeuilles "froids", d'autre part, sont particulièrement adaptés pour stocker des quantités importantes de cryptomonnaies à long terme. Vous pouvez opter pour des portefeuilles matériels, des appareils physiques conçus spécifiquement pour stocker des cryptomonnaies de manière sécurisée. Ces dispositifs génèrent des clés privées hors ligne et ne sont connectés à Internet que lorsque vous effectuez des transactions, ce qui réduit considérablement les risques de piratage.

Le processus d'intégration d'une cryptomonnaie dans un portefeuille commence généralement par la création d'un compte sur la plateforme choisie. Une fois votre compte configuré, vous obtiendrez une adresse unique pour recevoir et envoyer des cryptomonnaies. Lorsque vous achetez des cryptomonnaies sur une plateforme d'échange, vous pouvez ensuite les transférer vers votre portefeuille en utilisant cette adresse.

Enfin, il est important de conserver vos informations de portefeuille en toute sécurité. Conservez vos clés privées et vos mots de passe dans un endroit sûr et évitez de les partager avec quiconque. Une perte de ces informations peut entraîner une perte permanente de vos cryptomonnaies.

Intégrer les cryptomonnaies dans un portefeuille demande une compréhension claire des différentes options disponibles, ainsi que des mesures de sécurité à prendre pour protéger vos actifs numériques. Que vous choisissiez un portefeuille "chaud" ou "froid", la sécurité et la gestion attentive sont essentielles pour assurer le succès de vos investissements dans le monde des cryptomonnaies.

65 - Avantages et inconvénients secondaires

Les avantages et inconvénients secondaires liés aux cryptomonnaies sont des aspects moins évidents mais néanmoins significatifs qui peuvent avoir un impact sur divers aspects de la société, de l'économie et de la technologie. Comprendre ces effets secondaires peut aider à évaluer l'impact global des cryptomonnaies et à prendre des décisions éclairées quant à leur adoption et leur utilisation.

L'un des avantages secondaires des cryptomonnaies réside dans leur potentiel pour accroître l'inclusion financière. Dans certaines régions du monde où les services bancaires traditionnels sont limités, les cryptomonnaies offrent une alternative permettant aux personnes non bancarisées d'accéder à des services financiers de base. Cela pourrait aider à réduire les écarts en matière d'inclusion financière et à favoriser le développement économique.

Cependant, cet avantage est associé à des inconvénients potentiels, notamment en ce qui concerne la régulation et la protection des consommateurs. Les cryptomonnaies non réglementées pourraient être utilisées pour des activités illégales ou frauduleuses, et les utilisateurs pourraient être plus vulnérables aux pertes financières en l'absence de protection réglementaire.

Un autre avantage secondaire concerne les applications de la technologie blockchain au-delà des cryptomonnaies. La blockchain peut être utilisée pour la gestion de l'identité numérique, la traçabilité des chaînes d'approvisionnement et la sécurisation des données de santé. Cela peut avoir un impact positif sur la transparence et la sécurité dans divers secteurs.

Cependant, l'utilisation généralisée de la blockchain pourrait également poser des défis en termes d'évolutivité et de consommation énergétique. Les chaînes de blocs requièrent des ressources informatiques importantes pour fonctionner, ce qui peut avoir un impact sur l'environnement. Trouver un équilibre entre les avantages de la blockchain et ses implications environnementales est un défi à relever.

Un dernier exemple d'avantage secondaire est le développement de nouvelles compétences et opportunités professionnelles. Les cryptomonnaies ont stimulé la demande de compétences en technologie blockchain, en cybersécurité et en finance décentralisée. Cela a ouvert de nouvelles perspectives pour les individus intéressés par ces domaines émergents.

Cependant, cela peut également contribuer à une pénurie de compétences dans d'autres domaines et à la concentration des talents dans des secteurs spécifiques. De plus, l'engouement pour les cryptomonnaies peut également attirer des escrocs et des opportunistes, ce qui nécessite une sensibilisation accrue et une éducation pour éviter les pièges.

Les avantages et inconvénients secondaires des cryptomonnaies soulignent la complexité de leur impact sur la société, l'économie et la technologie. Alors que les avantages potentiels tels que l'inclusion financière et l'innovation technologique sont encourageants, il est important de reconnaître et d'atténuer les inconvénients possibles tels que les risques réglementaires, les préoccupations environnementales et les effets sociaux indésirables. Une approche équilibrée et informée est essentielle pour maximiser les avantages et minimiser les inconvénients des cryptomonnaies.

66 - Profils de figures clés

Les profils de figures clés dans l'écosystème des cryptomonnaies jouent un rôle déterminant dans le développement, l'adoption et la régulation de cette nouvelle technologie financière. Ces personnalités influentes ont contribué à façonner la manière dont les cryptomonnaies sont perçues, utilisées et réglementées à travers le monde. Examinons certains avantages et inconvénients secondaires liés à ces profils.

L'un des avantages secondaires des figures clés est leur capacité à éduquer et à sensibiliser le public sur les cryptomonnaies. Les experts reconnus et les entrepreneurs éclairés peuvent fournir des informations précieuses pour aider les novices à comprendre les concepts complexes liés aux cryptomonnaies, ce qui favorise une adoption plus large et éclairée.

Cependant, cela peut également entraîner des inconvénients potentiels tels que la propagation d'informations erronées. Les personnalités influentes peuvent parfois manquer de connaissances approfondies ou fournir des informations biaisées pour promouvoir leurs propres intérêts. Il est donc crucial pour les utilisateurs de faire preuve de discernement et de vérifier les informations auprès de sources fiables.

Un autre avantage secondaire réside dans la capacité des figures clés à catalyser l'innovation. Les visionnaires de l'industrie ont introduit de nouvelles idées, des concepts révolutionnaires et des technologies disruptives qui ont contribué à élargir les possibilités offertes par les cryptomonnaies. Leurs initiatives ont encouragé le développement de projets novateurs et l'expérimentation de nouvelles applications.

Cependant, cela peut également conduire à une saturation du marché avec des projets de moindre qualité ou à des investissements impulsifs. L'engouement pour les nouvelles idées peut parfois être exploité par des projets peu sérieux, ce qui peut entraîner des pertes financières pour les investisseurs. Il est donc important de mener des recherches approfondies avant de s'engager dans un projet.

Un dernier exemple d'avantage secondaire est l'influence politique et réglementaire des figures clés. Les personnalités qui plaident en faveur de la légitimation et de la régulation des cryptomonnaies peuvent contribuer à façonner les politiques gouvernementales et les lois liées à cette technologie. Leur voix peut aider à établir un cadre réglementaire plus clair et favorable.

Cependant, cela peut également susciter des controverses et des débats. Les points de vue divergents sur la manière dont les cryptomonnaies devraient être réglementées peuvent entraîner des désaccords au sein de la communauté, ce qui rend la création de règles cohérentes et équilibrées plus difficile.

Les profils de figures clés dans l'écosystème des cryptomonnaies ont un impact considérable sur l'adoption, l'innovation et la régulation de cette technologie. Bien que leurs contributions positives soient indéniables, il est essentiel de prendre en compte les avantages et inconvénients secondaires pour évaluer leur influence de manière équilibrée. Faire preuve de discernement et de vigilance tout en tirant parti des connaissances et de l'expertise des figures clés est crucial pour naviguer avec succès dans le monde des cryptomonnaies.

67 - Se méfier des forums et des réseaux sociaux

Se méfier des forums et des réseaux sociaux est un conseil crucial pour quiconque s'intéresse aux cryptomonnaies. Alors que ces plateformes peuvent être des sources précieuses d'informations et de discussions, elles sont également des terrains propices aux désinformations, aux arnaques et aux pièges pour les utilisateurs inexpérimentés.

L'un des principaux inconvénients des forums et des réseaux sociaux est la propagation rapide d'informations erronées. De nombreux membres de ces communautés ne sont pas des experts en la matière et peuvent partager des opinions ou des conseils basés sur des croyances non fondées. Cela peut induire en erreur les nouveaux arrivants et les amener à prendre des décisions financières irréfléchies.

De plus, les forums et les réseaux sociaux sont souvent utilisés pour promouvoir des arnaques et des escroqueries. Les messages et les publicités frauduleuses peuvent sembler convaincants, promettant des gains rapides et faciles en investissant dans certaines cryptomonnaies ou projets. Les utilisateurs crédules peuvent être incités à investir leur argent durement gagné dans des projets qui s'avèrent frauduleux.

La nature anonyme d'Internet peut également rendre difficile la vérification de l'authenticité des informations et des sources. Les prétendus "experts" ou "insiders" peuvent prétendre avoir des informations exclusives sur les tendances du marché ou sur les futurs gains potentiels. Cependant, il est essentiel de vérifier la crédibilité de ces sources avant de prendre des décisions basées sur leurs conseils.

Malheureusement, certains forums et réseaux sociaux peuvent également être infiltrés par des individus cherchant à manipuler les marchés des cryptomonnaies. Ils peuvent propager de fausses informations dans le but de faire monter ou descendre les prix pour leur propre profit. Cela peut avoir un impact négatif sur les investisseurs qui se fient à ces informations pour prendre des décisions.

Pour se protéger, il est recommandé de suivre certaines pratiques de sécurité. Toujours vérifier les informations auprès de sources fiables et reconnues, éviter de partager des informations personnelles sensibles en ligne et ne jamais investir dans des projets sans avoir effectué des recherches approfondies. Les forums et les réseaux sociaux peuvent être utiles pour obtenir des idées générales, mais il est crucial de ne pas se fier aveuglément aux informations qui y circulent.

Se méfier des forums et des réseaux sociaux est une sage précaution dans le monde des cryptomonnaies. Bien que ces plateformes puissent fournir des informations intéressantes, il est impératif de faire preuve de vigilance, de vérifier les sources et de rester sceptique face aux informations trop belles pour être vraies. La meilleure approche consiste à compléter vos recherches en utilisant des sources réputées et à consulter des experts reconnus avant de prendre des décisions financières importantes.

68 - Implications éthiques

Les implications éthiques dans le domaine des cryptomonnaies sont complexes et nécessitent une réflexion approfondie. Alors que ces technologies offrent des avantages potentiels tels que l'autonomie financière et l'inclusion, elles soulèvent également des questions éthiques importantes qui méritent une attention sérieuse.

L'un des principaux enjeux éthiques est lié à la volatilité et aux risques financiers associés aux cryptomonnaies. Bien que certaines personnes puissent réaliser d'importants gains, d'autres peuvent subir des pertes financières importantes en raison de la nature imprévisible des marchés. Cela soulève des questions quant à savoir si la promotion de ces investissements est éthique, en particulier envers les personnes moins informées ou moins capables de gérer les pertes financières.

Un autre aspect éthique concerne l'utilisation des cryptomonnaies à des fins illégales ou frauduleuses. La nature pseudo-anonyme des transactions peut permettre aux criminels de mener des activités illégales, telles que le blanchiment d'argent, le financement du terrorisme et le trafic de drogue. Cela soulève des questions sur la responsabilité des plateformes et des utilisateurs dans la prévention de telles activités.

Parallèlement, les cryptomonnaies peuvent également avoir des effets positifs en matière d'inclusion financière, en donnant accès à des services financiers à des personnes qui en étaient traditionnellement exclues. Cependant, cela soulève des questions éthiques sur la manière dont les populations vulnérables sont éduquées sur les risques et les avantages des cryptomonnaies, ainsi que sur la protection de leurs droits et de leurs intérêts.

L'impact environnemental des cryptomonnaies est également une préoccupation éthique croissante. Le processus de minage intensif en énergie de certaines cryptomonnaies a suscité des inquiétudes quant à son empreinte carbone. Les partisans des cryptomonnaies doivent équilibrer les avantages potentiels avec les implications environnementales et rechercher des solutions durables.

Enfin, les implications éthiques de la centralisation versus la décentralisation sont essentielles à considérer. Alors que les cryptomonnaies promeuvent la décentralisation et l'autonomie financière, certaines plateformes et projets sont encore contrôlés par un petit nombre d'acteurs influents. Cela soulève des questions sur le pouvoir et la concentration dans l'écosystème des cryptomonnaies.

Les implications éthiques des cryptomonnaies sont diverses et méritent une réflexion approfondie. Tandis que ces technologies offrent des avantages potentiels, il est crucial de considérer les risques et les conséquences éthiques associés. Les discussions ouvertes, l'éducation et la collaboration entre les acteurs de l'industrie sont essentiels pour naviguer dans ce domaine complexe tout en tenant compte des valeurs et des principes éthiques.

69 - Prévenir les abus

La prévention des abus dans le contexte des cryptomonnaies est une préoccupation importante pour protéger les utilisateurs, les investisseurs et l'intégrité de l'écosystème. Les abus peuvent prendre différentes formes, allant des escroqueries financières aux violations de la vie privée et à la manipulation des marchés.

L'une des premières mesures pour prévenir les abus consiste à promouvoir l'éducation et la sensibilisation. Les utilisateurs doivent être informés des risques potentiels, des tactiques d'escroquerie courantes et des signes d'avertissement. Les campagnes de sensibilisation et les ressources éducatives peuvent aider les utilisateurs à reconnaître les abus potentiels et à prendre des décisions éclairées.

En parallèle, les régulateurs et les gouvernements jouent un rôle crucial dans la prévention des abus. Ils peuvent mettre en place des cadres réglementaires clairs pour surveiller les activités liées aux cryptomonnaies, identifier les comportements frauduleux et prendre des mesures légales pour punir les contrevenants. Cependant, il est important que la régulation soit équilibrée pour ne pas entraver l'innovation.

La transparence est un principe clé pour prévenir les abus. Les projets et les plateformes devraient fournir des informations complètes sur leurs opérations, leurs équipes et leurs intentions. La publication régulière d'informations vérifiables peut aider à renforcer la confiance des utilisateurs et à éviter les abus potentiels.

La sécurisation des informations personnelles et financières est également essentielle. Les plateformes et les utilisateurs doivent prendre des mesures pour protéger leurs données contre les cyberattaques et les violations de la vie privée. L'utilisation d'authentification à deux facteurs (2FA) et de portefeuilles sécurisés peut contribuer à réduire les risques.

La vigilance est de mise pour détecter les signaux d'alarme. Les offres de rendements trop élevés, les promesses de gains rapides et les demandes de paiement anticipé sont souvent des indicateurs d'escroqueries. Il est important de prendre le temps de faire des recherches approfondies avant de s'engager dans tout investissement ou transaction.

Enfin, la collaboration entre les acteurs de l'industrie, y compris les plateformes, les régulateurs et les utilisateurs, est essentielle pour prévenir les abus. Le partage d'informations sur les menaces potentielles, les tactiques d'escroquerie et les meilleures pratiques peut aider à créer un environnement plus sûr pour tous les participants.

Prévenir les abus dans le domaine des cryptomonnaies nécessite un effort collectif et une approche proactive. L'éducation, la régulation, la transparence et la vigilance sont des éléments clés pour garantir que les utilisateurs puissent profiter des avantages des cryptomonnaies sans tomber victimes d'abus.

70 - Impacts dans le secteur de la santé

Les applications des cryptomonnaies dans le secteur de la santé ont le potentiel de révolutionner la manière dont les données médicales sont gérées, partagées et sécurisées. Cependant, ces développements soulèvent également des préoccupations éthiques et pratiques qui méritent d'être examinées de près.

L'un des avantages clés des cryptomonnaies dans le domaine de la santé réside dans la sécurisation des données médicales. La technologie de la blockchain offre un moyen de stocker les dossiers médicaux de manière sécurisée et immuable, tout en permettant un accès contrôlé et transparent. Cela pourrait aider à prévenir les violations de la vie privée et les accès non autorisés aux informations sensibles des patients.

Cependant, l'utilisation des cryptomonnaies pour stocker des données médicales soulève également des questions sur la confidentialité et le consentement. Les patients doivent avoir un contrôle total sur l'accès à leurs données et sur la manière dont elles sont utilisées. Les entreprises et les projets impliqués dans ces initiatives doivent mettre en place des mesures rigoureuses pour protéger les informations des patients et obtenir leur consentement éclairé.

Les cryptomonnaies peuvent également faciliter les paiements et les transactions dans le secteur de la santé. Les paiements transfrontaliers et les remboursements peuvent être accélérés et simplifiés en utilisant des cryptomonnaies, réduisant ainsi les coûts et les délais. Cela pourrait être particulièrement bénéfique dans les régions où les infrastructures financières traditionnelles sont limitées.

Cependant, l'utilisation des cryptomonnaies dans les paiements de santé peut également entraîner des défis réglementaires et de conformité. Les lois relatives à la santé et aux finances varient d'un pays à l'autre, ce qui nécessite une adaptation des solutions pour respecter les normes locales.

Un autre aspect positif des cryptomonnaies dans le secteur de la santé est la possibilité de créer des incitations pour encourager les comportements sains. Les utilisateurs pourraient être récompensés en cryptomonnaies pour avoir suivi un régime alimentaire sain, fait de l'exercice ou suivi leurs traitements. Cela pourrait contribuer à améliorer la santé publique en encourageant les comportements positifs.

Cependant, la question de la vie privée se pose à nouveau. Les données personnelles utilisées pour surveiller les comportements pourraient être utilisées de manière abusive ou vendues à des tiers sans le consentement des utilisateurs. La protection des données et le respect de la vie privée sont des considérations essentielles pour garantir que de telles initiatives sont éthiques et respectueuses des droits des individus.

Les applications des cryptomonnaies dans le secteur de la santé offrent un potentiel prometteur pour améliorer la gestion des données, les paiements et les comportements sains. Cependant, il est crucial de résoudre les questions éthiques et pratiques liées à la vie privée, à la sécurité et à la conformité réglementaire pour que ces développements puissent bénéficier pleinement aux patients et aux acteurs de la santé.

71 - Analyse sectorielle dans le secteur de l'industrie

Les cryptomonnaies ont le potentiel de transformer de nombreux secteurs industriels en introduisant de nouvelles technologies, des modèles économiques novateurs et des méthodes de transaction plus efficaces. Cependant, ces transformations présentent également des défis et des considérations éthiques spécifiques à chaque secteur.

1. Finance et Services Financiers : Les cryptomonnaies ont déjà perturbé le secteur financier en proposant des alternatives aux systèmes de paiement traditionnels et en permettant des transferts transfrontaliers rapides et peu coûteux. Cependant, la régulation et la volatilité des cryptomonnaies sont des préoccupations majeures pour les institutions financières et les régulateurs.

2. Technologie : La technologie blockchain sous-jacente aux cryptomonnaies peut être utilisée pour résoudre des problèmes de sécurité, de traçabilité et de gestion des données. Des secteurs tels que la cybersécurité, l'Internet des objets (IoT) et la gestion de la chaîne d'approvisionnement peuvent bénéficier de l'adoption de la blockchain.

3. Santé : Les cryptomonnaies peuvent améliorer la sécurité des données médicales, faciliter les paiements et les remboursements, et encourager les comportements sains grâce à des récompenses en cryptomonnaies. Cependant, la protection des données et la conformité réglementaire sont essentielles pour éviter les abus et les violations de la vie privée.

4. Immobilier : Les transactions immobilières pourraient être rationalisées à l'aide de contrats intelligents basés sur la blockchain, ce qui pourrait accélérer le processus d'achat et de vente. Cependant, les questions de propriété et de régulation foncière nécessitent des solutions pour que ces avantages puissent être réalisés.

5. Énergie : Les cryptomonnaies peuvent être utilisées pour faciliter les transactions d'énergie entre producteurs et consommateurs. Cela pourrait encourager l'adoption d'énergies renouvelables et la création de réseaux énergétiques plus efficaces. Cependant, le minage intensif en énergie de certaines cryptomonnaies pose des préoccupations environnementales.

6. Éducation : Les cryptomonnaies peuvent être utilisées pour récompenser l'apprentissage et la réussite académique, encourageant ainsi l'engagement des étudiants. Cependant, il est important de s'assurer que ces incitations ne compromettent pas l'intégrité éducative ou ne créent pas de pression excessive sur les étudiants.

7. Divertissement et Médias : Les cryptomonnaies peuvent être utilisées pour récompenser les créateurs de contenu et les artistes, créant ainsi de nouvelles opportunités de monétisation. Cependant, les modèles de rémunération doivent être équilibrés pour garantir des récompenses justes et durables.

8. Agriculture : Les cryptomonnaies pourraient être utilisées pour améliorer la traçabilité des produits agricoles, garantissant ainsi des normes de qualité et de sécurité alimentaire. Cependant, des défis d'adoption et de numérisation peuvent se poser dans les régions où les infrastructures sont limitées.

Les cryptomonnaies ont le potentiel de transformer divers secteurs industriels en apportant des avantages tels que l'efficacité, la sécurité et l'innovation. Cependant, chaque secteur présente des défis uniques en termes de régulation, de protection des données, de conformité et d'acceptation. Une approche équilibrée, tenant compte des avantages et des défis spécifiques à chaque industrie, est essentielle pour maximiser les opportunités offertes par les cryptomonnaies tout en minimisant les risques potentiels.

72- -Adoption des cryptomonnaies par les gouvernements

L'adoption des cryptomonnaies par les gouvernements a été un sujet de débat et d'expérimentation dans le monde entier. Alors que certains gouvernements ont adopté une approche favorable et ont exploré les avantages potentiels des cryptomonnaies, d'autres ont exprimé des préoccupations quant à leur impact sur la stabilité financière et la régulation.

Les avantages potentiels de l'adoption des cryptomonnaies par les gouvernements sont divers. Tout d'abord, ces monnaies numériques pourraient favoriser l'inclusion financière en donnant accès à des services bancaires et financiers à des populations qui en étaient traditionnellement exclues. Dans les régions où l'infrastructure bancaire est limitée, les cryptomonnaies pourraient offrir un moyen d'accéder aux services financiers de base.

De plus, les cryptomonnaies pourraient réduire les frais de transaction, en particulier pour les transferts de fonds transfrontaliers. Les paiements internationaux pourraient devenir plus rapides et moins coûteux, ce qui serait bénéfique pour les travailleurs migrants et les envois de fonds familiaux. Cela pourrait également stimuler le commerce international en éliminant les obstacles financiers.

Cependant, l'adoption des cryptomonnaies par les gouvernements soulève également des préoccupations et des défis importants. La volatilité des cours des cryptomonnaies est un facteur de préoccupation majeur, car elle peut entraîner des risques financiers pour les citoyens et pour la stabilité économique. De plus, les régulateurs s'inquiètent de l'utilisation des cryptomonnaies à des fins illégales, notamment le blanchiment d'argent et le financement du terrorisme.

La régulation des cryptomonnaies pose également des défis. Les gouvernements doivent trouver un équilibre entre encourager l'innovation tout en protégeant les consommateurs et en préservant la stabilité financière. Les mesures de régulation doivent être adaptées aux spécificités des cryptomonnaies pour éviter d'étouffer l'innovation tout en garantissant un environnement sûr pour les utilisateurs.

L'adoption des cryptomonnaies par les gouvernements est un processus complexe qui nécessite une réflexion approfondie sur les avantages potentiels et les défis associés. Les gouvernements du monde entier sont en train d'explorer différentes approches pour intégrer les cryptomonnaies dans leurs systèmes financiers, tout en veillant à atténuer les risques et à maximiser les avantages pour leurs citoyens et leur économie.

73 - Psychologie du marché des cryptomonnaies

La psychologie du marché des cryptomonnaies est un aspect fascinant et complexe qui influence les décisions d'investissement, les fluctuations des prix et les tendances générales du marché. Comprendre comment les émotions et les comportements humains interagissent avec les facteurs économiques peut aider à expliquer les mouvements volatils et parfois irrationnels observés dans ce marché.

Les émotions jouent un rôle prépondérant dans le marché des cryptomonnaies. L'excitation, la peur, la cupidité et la panique peuvent influencer les décisions des investisseurs, conduisant à des achats impulsifs lors des périodes de hausse et à des ventes précipitées lors des périodes de baisse. Cela peut entraîner des mouvements de prix abrupts et des cycles de bulles et de corrections.

La psychologie du marché des cryptomonnaies est également fortement liée aux biais cognitifs. Les investisseurs sont susceptibles de tomber dans des pièges tels que le biais de confirmation, où ils recherchent des informations qui confirment leurs croyances préexistantes, et le biais d'action, où ils ressentent le besoin d'agir même lorsque cela n'est pas rationnel.

L'effet de troupeau est un autre phénomène psychologique commun dans le marché des cryptomonnaies. Lorsque les investisseurs voient d'autres personnes acheter ou vendre, ils peuvent être influencés à suivre le mouvement, ce qui peut amplifier les mouvements de prix et conduire à des tendances excessives.

Les réseaux sociaux et les médias jouent également un rôle majeur dans la psychologie du marché des cryptomonnaies.

Les informations et les rumeurs se propagent rapidement, pouvant déclencher des réactions émotionnelles et impulsives. Les investisseurs peuvent être sujets à la peur de manquer (FOMO) ou à la peur de perdre (FUD) en fonction des informations qu'ils consomment.

Comprendre la psychologie du marché des cryptomonnaies peut aider les investisseurs à prendre des décisions plus éclairées et à mieux gérer leurs émotions. La prise de conscience des biais cognitifs et des effets psychologiques peut aider à éviter les pièges courants et à adopter une approche plus rationnelle et basée sur des informations objectives.

La psychologie du marché des cryptomonnaies est un mélange complexe d'émotions humaines, de biais cognitifs et d'influences médiatiques. Les investisseurs et les participants du marché doivent être conscients de ces facteurs pour mieux comprendre les mouvements de prix, gérer les risques émotionnels et prendre des décisions d'investissement plus éclairées.

74 - Projets de cryptomonnaies pour la durabilité internationale

Les projets de cryptomonnaies axés sur la durabilité environnementale reflètent une conscience croissante des impacts environnementaux associés à l'exploitation des cryptomonnaies et à la technologie blockchain. Ces initiatives visent à atténuer les préoccupations liées à la consommation énergétique élevée de certaines cryptomonnaies et à encourager des pratiques plus respectueuses de l'environnement.

Un aspect clé des projets de cryptomonnaies durables est la recherche de solutions pour réduire la consommation d'énergie du minage. De nouvelles approches, telles que la preuve d'enjeu (Proof of Stake) et d'autres algorithmes de consensus écoénergétiques, cherchent à minimiser l'empreinte carbone associée à la création de nouveaux blocs.

De plus, certains projets de cryptomonnaies durables s'engagent à investir dans des sources d'énergie renouvelable pour alimenter leurs opérations de minage. Cette transition vers des sources d'énergie plus propres contribue à réduire l'impact environnemental de l'exploitation des cryptomonnaies.

Les projets de cryptomonnaies pour la durabilité environnementale mettent également l'accent sur la sensibilisation et l'éducation. Ils cherchent à informer les utilisateurs et les investisseurs sur les défis environnementaux associés aux cryptomonnaies traditionnelles, tout en mettant en avant les avantages des approches plus écologiques.

Cependant, il est important de noter que tous les projets prétendant être durables ne sont pas nécessairement conformes à leurs déclarations. Certains projets peuvent simplement profiter de la popularité croissante de la durabilité environnementale pour attirer l'attention et les investissements. Les investisseurs doivent donc faire preuve de diligence raisonnable pour évaluer la crédibilité et l'authenticité de ces projets.

Les projets de cryptomonnaies pour la durabilité environnementale témoignent d'une évolution positive vers une conscience environnementale accrue dans le domaine des cryptomonnaies et de la blockchain. Cependant, la surveillance continue, la régulation et l'innovation sont nécessaires pour garantir que ces projets contribuent réellement à la réduction de l'empreinte carbone de l'industrie tout en maintenant leur efficacité et leur viabilité.

75 - L'appétence de la jeune génération

L'appétence de la jeune génération pour les cryptomonnaies est un phénomène en croissance qui reflète à la fois l'évolution des attitudes envers la technologie financière et les opportunités offertes par les actifs numériques. Les jeunes générations, en particulier les milléniaux et la génération Z, montrent un intérêt croissant pour les cryptomonnaies à la fois en tant qu'investissement potentiel et en tant que moyen de participation à des initiatives financières innovantes.

Une raison clé de l'intérêt des jeunes pour les cryptomonnaies est l'accessibilité accrue à la technologie. Les plateformes de trading en ligne, les applications mobiles et les ressources éducatives ont rendu plus facile que jamais pour les jeunes de s'engager dans l'achat, la vente et la détention de cryptomonnaies. Cette accessibilité démocratise les opportunités d'investissement et permet aux jeunes d'explorer de nouvelles formes d'actifs financiers.

De plus, l'idée d'une finance décentralisée et autonome résonne particulièrement avec les jeunes qui sont souvent attirés par les concepts de décentralisation, de transparence et d'émancipation financière. Les cryptomonnaies offrent la possibilité de se libérer des structures financières traditionnelles et d'expérimenter des méthodes alternatives de gestion de la valeur.

L'appétence de la jeune génération pour les cryptomonnaies va au-delà de la simple spéculation. De nombreux jeunes s'impliquent dans des projets de cryptomonnaies, tels que le minage, les masternodes ou la participation à des ICO (Initial Coin Offerings), en recherchant des moyens actifs de contribuer à des écosystèmes blockchain émergents.

Cependant, il existe également des risques associés à l'engouement des jeunes pour les cryptomonnaies. La volatilité du marché peut entraîner des pertes importantes pour ceux qui ne comprennent pas complètement les risques et les mécanismes sous-jacents. L'absence de régulation claire peut également exposer les jeunes investisseurs à des escroqueries et des fraudes.

L'appétence de la jeune génération pour les cryptomonnaies reflète un intérêt croissant pour les nouvelles technologies financières et les opportunités d'investissement innovantes. Les jeunes sont attirés par l'idée de décentralisation, de participation active et d'autonomie financière que les cryptomonnaies offrent. Cependant, il est essentiel que les jeunes générations se familiarisent avec les concepts et les risques liés aux cryptomonnaies avant de s'engager dans des activités d'investissement et de participation.

76 - Cryptomonnaies et nouvelle ère financière

Les cryptomonnaies ont ouvert la voie à une nouvelle ère financière en introduisant des concepts novateurs et en perturbant les modèles traditionnels. Cette transformation a des implications profondes pour les systèmes financiers mondiaux et les interactions économiques. Voici comment les cryptomonnaies ont contribué à façonner cette nouvelle ère financière.

Tout d'abord, les cryptomonnaies ont introduit le concept de décentralisation dans le système financier. Contrairement aux systèmes bancaires traditionnels, les cryptomonnaies fonctionnent sur des réseaux distribués où les transactions sont vérifiées par les participants du réseau plutôt que par des entités centrales. Cela renverse la structure de pouvoir traditionnelle et donne aux individus un contrôle direct sur leurs actifs financiers.

En outre, les cryptomonnaies ont facilité les transactions internationales en éliminant les frontières et les obstacles géographiques. Les paiements transfrontaliers peuvent être effectués rapidement et à moindre coût grâce aux cryptomonnaies, ce qui est particulièrement bénéfique pour les travailleurs migrants et le commerce international.

Les cryptomonnaies ont également introduit le concept de "finance décentralisée" (DeFi), où les services financiers traditionnels tels que les prêts, les emprunts et les échanges peuvent être réalisés sans intermédiaires financiers. Les contrats intelligents basés sur la blockchain permettent l'automatisation de ces processus, réduisant ainsi les coûts et les délais.

La tokenisation d'actifs traditionnels est une autre innovation de cette nouvelle ère financière. Les biens physiques tels que l'immobilier, l'art et même les actions d'entreprises peuvent être représentés sous forme de jetons numériques sur une blockchain. Cela permet la liquidité et la négociabilité d'actifs qui étaient auparavant moins accessibles.

Cependant, cette nouvelle ère financière n'est pas sans défis. La régulation des cryptomonnaies reste un défi majeur, car les gouvernements et les organismes de réglementation cherchent à équilibrer l'innovation avec la protection des investisseurs et la stabilité financière. De plus, la volatilité des prix des cryptomonnaies peut être un obstacle pour l'adoption généralisée et la confiance dans ces nouveaux systèmes financiers.

Les cryptomonnaies ont ouvert la voie à une nouvelle ère financière caractérisée par la décentralisation, la tokenisation et la finance décentralisée. Alors que cette transformation offre de nouvelles opportunités et des avantages potentiels, elle nécessite également une gestion prudente pour relever les défis réglementaires et de stabilité afin de réaliser pleinement son potentiel.

77 - Cryptomonnaies et vie privée

Les cryptomonnaies ont suscité un débat en ce qui concerne la protection de la vie privée des utilisateurs. Alors que les transactions effectuées avec des cryptomonnaies sont généralement pseudonymes, il existe des nuances et des considérations importantes en matière de vie privée qui méritent d'être explorées dans cette nouvelle ère financière.

L'un des aspects positifs des cryptomonnaies en matière de vie privée est que les transactions ne nécessitent pas de divulguer l'identité des parties impliquées. Cela peut offrir une protection supplémentaire pour les utilisateurs qui préfèrent garder leurs transactions financières confidentielles. Cependant, il est important de noter que les transactions sur la blockchain sont publiques et traçables, ce qui signifie que si les adresses des parties sont associées à des informations personnelles, cela pourrait potentiellement compromettre la vie privée.

Les cryptomonnaies axées sur la vie privée, telles que Monero et Zcash, ont été développées pour offrir des fonctionnalités de confidentialité avancées. Ces cryptomonnaies utilisent des techniques de cryptographie sophistiquées pour masquer les adresses des parties, les montants des transactions et d'autres détails sensibles. Cela permet aux utilisateurs d'effectuer des transactions confidentielles sans divulguer d'informations personnelles.

Cependant, l'utilisation de cryptomonnaies axées sur la vie privée peut également soulever des préoccupations. Certaines autorités de réglementation et organismes de lutte contre la criminalité s'inquiètent que ces cryptomonnaies puissent être utilisées à des fins illicites, telles que le blanchiment d'argent et le financement du terrorisme, en raison de leur nature confidentielle.

La balance entre la vie privée des utilisateurs et la prévention de l'activité criminelle est délicate. Certains gouvernements ont cherché à réglementer ou à restreindre l'utilisation de cryptomonnaies axées sur la vie privée, tandis que d'autres adoptent une approche plus permissive en reconnaissant la valeur de la vie privée financière.

Les cryptomonnaies ont des implications importantes pour la vie privée financière. Les utilisateurs ont la possibilité de choisir des cryptomonnaies axées sur la vie privée pour des transactions confidentielles, mais cela peut également soulever des questions réglementaires et éthiques. La vie privée et la technologie blockchain continuent d'évoluer et de se confronter, et trouver le bon équilibre entre confidentialité et responsabilité reste un défi à mesure que les cryptomonnaies continuent de se développer.

78 - Défis de la scalabilité dans les cryptomonnaies

Les défis de la scalabilité dans les cryptomonnaies sont une préoccupation majeure pour l'adoption et l'utilisation à grande échelle de ces technologies. La scalabilité fait référence à la capacité d'un réseau blockchain à traiter un grand nombre de transactions rapidement et efficacement tout en maintenant des coûts et des temps de traitement raisonnables. Voici un aperçu des défis et des solutions liés à la scalabilité dans le contexte des cryptomonnaies.

L'un des principaux défis de la scalabilité réside dans le modèle de consensus utilisé par de nombreuses cryptomonnaies, notamment le Bitcoin. La preuve de travail (Proof of Work) est un mécanisme de consensus qui nécessite une puissance de calcul élevée pour vérifier les transactions et créer de nouveaux blocs. Cependant, cela peut entraîner des limitations en termes de nombre de transactions traitées par seconde, ce qui ralentit le réseau lors de périodes de congestion.

Pour remédier à ce problème, de nouvelles approches de consensus ont été développées, notamment la preuve d'enjeu (Proof of Stake) et la preuve d'autorité (Proof of Authority). Ces approches visent à réduire la consommation d'énergie et à augmenter la scalabilité en permettant aux nœuds de participer au consensus en fonction de leur participation financière ou de leur réputation plutôt que de leur puissance de calcul.

Une autre solution potentielle pour améliorer la scalabilité est la mise en œuvre de solutions de mise à l'échelle hors chaîne, telles que les réseaux Lightning pour Bitcoin. Ces solutions permettent aux utilisateurs d'effectuer des transactions hors de la chaîne principale, ce qui réduit la congestion et accélère les temps de confirmation tout en conservant la sécurité de la blockchain sous-jacente.

Cependant, la mise en œuvre de solutions de mise à l'échelle peut également soulever des préoccupations en matière de sécurité et de décentralisation. Certaines solutions hors chaîne peuvent nécessiter une confiance accrue envers des nœuds tiers, ce qui peut compromettre les principes fondamentaux de la décentralisation et de la sécurité inhérents aux cryptomonnaies.

Les défis de la scalabilité dans les cryptomonnaies sont complexes et nécessitent des solutions innovantes pour permettre une adoption généralisée et une utilisation efficace. Les développements technologiques continuent d'évoluer dans ce domaine, et les équipes de développement travaillent sur diverses approches pour améliorer la scalabilité tout en maintenant les principes fondamentaux de sécurité, de décentralisation et d'efficacité.

79 - Cryptomonnaies pour l'inclusion financière mondiale

Les cryptomonnaies ont le potentiel de jouer un rôle significatif dans la promotion de l'inclusion financière à l'échelle mondiale. Alors que de nombreuses populations n'ont pas accès aux services financiers traditionnels en raison de barrières géographiques, économiques ou réglementaires, les cryptomonnaies offrent une opportunité d'élargir l'accès aux services financiers de base et de promouvoir une participation économique plus équitable.

L'un des principaux avantages des cryptomonnaies pour l'inclusion financière réside dans leur nature décentralisée. Contrairement aux systèmes financiers traditionnels qui dépendent de structures centralisées, les cryptomonnaies permettent à quiconque disposant d'un accès à Internet de créer un portefeuille et de commencer à effectuer des transactions. Cela élimine les barrières géographiques et rend les services financiers accessibles aux populations éloignées des centres urbains et des infrastructures bancaires.

Les coûts réduits associés aux transactions de cryptomonnaies peuvent également contribuer à l'inclusion financière. Les frais de transaction sont généralement moins élevés que ceux des services financiers traditionnels, ce qui en fait une option plus abordable pour les personnes à faible revenu. De plus, la possibilité d'effectuer des microtransactions, c'est-à-dire des transactions de très faible montant, peut être particulièrement bénéfique pour les populations à revenu limité.

Les cryptomonnaies peuvent également aider à résoudre les problèmes liés à l'identification et à la preuve d'identité. De nombreuses personnes dans le monde n'ont pas de documents d'identité officiels, ce qui limite leur accès aux services financiers. Les cryptomonnaies permettent aux individus de créer un portefeuille et de mener des transactions sans avoir besoin d'une identité traditionnelle.

Cependant, il est important de noter que les obstacles à l'inclusion financière via les cryptomonnaies existent également. L'accès à Internet et aux appareils numériques reste une contrainte pour de nombreuses populations, ce qui limite l'utilisation des cryptomonnaies. De plus, les compétences techniques nécessaires pour gérer en toute sécurité des cryptomonnaies peuvent représenter un défi pour certaines personnes.

Les cryptomonnaies ont le potentiel d'améliorer considérablement l'inclusion financière en éliminant les obstacles géographiques, en réduisant les coûts et en offrant des solutions pour les populations non bancarisées. Cependant, des efforts supplémentaires sont nécessaires pour résoudre les défis liés à l'accès à Internet, à l'éducation financière et à la sécurité pour maximiser les avantages de l'inclusion financière via les cryptomonnaies.

80 - Ethique dans le développement des cryptomonnaies

L'éthique dans le développement des cryptomonnaies est un sujet crucial qui influence la direction et l'impact de cette technologie émergente. Alors que les cryptomonnaies offrent des opportunités innovantes, elles posent également des questions complexes liées à la responsabilité, à la transparence et à l'impact social.

Transparence et Responsabilité : Les développeurs de cryptomonnaies doivent faire preuve de transparence dans leurs actions et leurs intentions. La création de nouvelles cryptomonnaies, les mises à jour de protocole et les décisions majeures doivent être communiquées de manière claire aux utilisateurs et aux investisseurs. La responsabilité envers la communauté est essentielle pour éviter toute manipulation du marché ou toute exploitation des utilisateurs.

Protection des Utilisateurs : L'éthique implique de concevoir des cryptomonnaies et des plateformes avec la sécurité des utilisateurs à l'esprit. Les protocoles doivent être conçus pour minimiser les risques de piratage, de vol de fonds et de fraude. Les développeurs doivent également fournir des ressources pour aider les utilisateurs à protéger leurs clés privées et à comprendre les risques associés aux investissements en cryptomonnaies.

Inclusion et Accessibilité : Les cryptomonnaies doivent être conçues de manière à être accessibles à tous, y compris aux personnes qui n'ont pas de compétences techniques avancées. Les solutions conviviales et les interfaces intuitives facilitent l'adoption par un public plus large. L'inclusion financière et l'accessibilité aux populations non bancarisées doivent également être prioritaires dans le développement.

Impact Environnemental : Les développeurs doivent également prendre en compte l'impact environnemental des cryptomonnaies, en particulier en ce qui concerne la consommation d'énergie associée à certains mécanismes de consensus. Les choix technologiques et les modèles de consensus doivent être évalués en tenant compte de leur empreinte carbone et de leur durabilité à long terme.

Protection des Données : L'utilisation de blockchain implique souvent le stockage de données personnelles et sensibles. Les cryptomonnaies doivent respecter les normes de protection des données et de confidentialité pour assurer que les informations personnelles des utilisateurs ne sont pas compromises.

Réglementation et Conformité : Les développeurs doivent agir en conformité avec les réglementations en vigueur dans les juridictions où ils opèrent. L'éthique implique de respecter les lois locales et de coopérer avec les organismes de réglementation pour promouvoir une adoption responsable des cryptomonnaies.

L'éthique joue un rôle vital dans le développement et l'adoption des cryptomonnaies. Les décisions prises par les développeurs peuvent avoir un impact significatif sur les utilisateurs, les marchés financiers et la société dans son ensemble. Les développeurs doivent donc aborder ces questions avec une sensibilité éthique et un engagement envers le bien-être des utilisateurs et la durabilité à long terme.

81 - Cryptomonnaies sans intelligence artificielle

Les cryptomonnaies qui ne font pas appel à l'intelligence artificielle démontrent la diversité des approches technologiques dans ce domaine. Bien que l'IA puisse offrir des avantages, de nombreuses cryptomonnaies ont opté pour d'autres solutions pour répondre à leurs besoins spécifiques.

Ces cryptomonnaies se concentrent sur les fondements de la technologie blockchain. Elles tirent parti des principes de décentralisation, de transparence et de sécurité inhérents à la blockchain pour créer des systèmes robustes sans nécessiter d'éléments complexes d'intelligence artificielle.

La sécurité reste une priorité clé pour ces cryptomonnaies. Elles mettent en œuvre des protocoles de cryptographie avancée pour garantir que les transactions et les données des utilisateurs restent confidentielles et inviolables. L'accent est mis sur des méthodes de chiffrement sophistiquées qui garantissent l'intégrité des transactions et des portefeuilles.

L'accessibilité joue également un rôle crucial. Ces cryptomonnaies visent à rendre leur utilisation intuitive pour tous les utilisateurs, qu'ils soient techniquement compétents ou non. Des interfaces conviviales et des processus simplifiés permettent aux utilisateurs d'interagir avec la technologie sans la complexité souvent associée à l'IA.

De plus, l'absence d'intelligence artificielle peut contribuer à réduire la complexité globale des systèmes de cryptomonnaie. Cela peut être avantageux pour les utilisateurs qui recherchent des solutions simples et directes pour gérer leurs actifs numériques sans avoir à comprendre les nuances de l'IA.

Les cryptomonnaies sans IA illustrent la variété des approches technologiques disponibles dans cet espace en constante évolution. Elles démontrent que les solutions efficaces et sécurisées peuvent être développées en se concentrant sur les fondements solides de la technologie blockchain et de la cryptographie, offrant ainsi aux utilisateurs des options diversifiées pour participer à l'économie numérique.

82 - Cryptomonnaies et économie traditionnelle

L'interaction entre les cryptomonnaies et l'économie traditionnelle est un domaine en constante évolution, avec des implications significatives pour les marchés financiers, les politiques monétaires et l'ensemble du système économique mondial. Alors que les cryptomonnaies ont émergé en tant qu'alternative décentralisée, elles entrent de plus en plus en contact avec les structures économiques établies.

Impact sur les marchés financiers : Les cryptomonnaies ont introduit de nouveaux actifs numériques qui sont négociés sur des plateformes d'échange à côté des instruments financiers traditionnels tels que les actions, les obligations et les matières premières. L'introduction de ces actifs volatils peut influencer la dynamique des marchés financiers et peut créer de nouvelles opportunités de diversification pour les investisseurs.

Monnaies numériques et politiques monétaires : Certains gouvernements explorent la création de monnaies numériques de banque centrale (CBDC) pour moderniser les systèmes de paiement et renforcer les politiques monétaires. Ces initiatives soulèvent des questions sur la coexistence des cryptomonnaies privées et des monnaies numériques émises par les gouvernements, ainsi que sur les conséquences pour la stabilité financière.

Innovation financière et Fintech : L'essor des cryptomonnaies a stimulé l'innovation dans le secteur financier, conduisant à la montée en puissance des entreprises de technologie financière (fintech). Les applications de la technologie blockchain vont au-delà des cryptomonnaies pour inclure des solutions telles que les paiements transfrontaliers, la gestion des identités et les contrats intelligents.

Régulation et conformité : Les gouvernements et les régulateurs réagissent différemment à l'émergence des cryptomonnaies. Certaines juridictions ont adopté des approches réglementaires claires, tandis que d'autres cherchent encore à déterminer comment traiter ces actifs numériques. La régulation peut avoir un impact sur l'acceptation et l'utilisation des cryptomonnaies dans l'économie traditionnelle.

Adoption commerciale : De plus en plus d'entreprises acceptent les cryptomonnaies comme moyen de paiement, ce qui élargit leur utilisation dans l'économie réelle. Cependant, des défis tels que la volatilité des prix et la compatibilité avec les systèmes de point de vente traditionnels doivent être surmontés pour une adoption généralisée.

Les cryptomonnaies exercent une influence croissante sur l'économie traditionnelle, en introduisant de nouvelles perspectives, des défis et des opportunités. Alors que les mondes de la finance numérique et traditionnelle convergent, les interactions entre les deux domaines continueront de façonner l'évolution des systèmes financiers mondiaux et de l'économie dans son ensemble.

83- - Répercussion des cryptomonnaies dans les pays en développement

Les répercussions des cryptomonnaies dans les pays en développement sont multiples et reflètent à la fois les opportunités et les défis qu'elles présentent pour ces économies. Alors que les cryptomonnaies offrent des avantages potentiels tels que l'inclusion financière, l'efficacité des paiements et l'accès aux marchés mondiaux, elles peuvent également rencontrer des obstacles liés à la régulation, à la volatilité des prix et à l'accessibilité technologique.

L'inclusion financière est l'un des avantages majeurs des cryptomonnaies dans les pays en développement. De nombreuses populations de ces pays n'ont pas accès aux services bancaires traditionnels, et les cryptomonnaies offrent une alternative pour accéder aux services financiers, même sans compte bancaire formel. Les paiements transfrontaliers et les transferts d'argent peuvent être facilités de manière plus rapide et moins coûteuse, permettant aux populations de participer davantage à l'économie mondiale.

Cependant, l'accessibilité technologique reste un défi. Alors que les cryptomonnaies nécessitent un accès à Internet et à des appareils numériques, de nombreuses régions en développement ont des infrastructures limitées. Cela peut limiter l'adoption des cryptomonnaies et exclure les populations qui n'ont pas accès à la connectivité.

La volatilité des prix est un autre facteur à prendre en compte. Les cryptomonnaies sont connues pour leurs fluctuations de prix significatives, ce qui peut créer des défis pour les personnes qui cherchent à les utiliser comme réserve de valeur ou comme moyen de paiement stable. La stabilité des prix reste un problème à résoudre pour que les cryptomonnaies soient une option viable dans les économies en développement.

En termes d'investissement, les cryptomonnaies peuvent également offrir aux individus des opportunités d'investir dans des actifs numériques sans les restrictions géographiques traditionnelles. Cependant, il est important de sensibiliser aux risques inhérents à l'investissement dans des actifs volatils et de fournir une éducation financière pour éviter les pertes potentielles.

La régulation et la collaboration entre les gouvernements et l'industrie des cryptomonnaies sont cruciales pour maximiser les avantages et atténuer les risques. Une régulation équilibrée peut encourager l'innovation tout en protégeant les utilisateurs et en évitant les abus.

Les répercussions des cryptomonnaies dans les pays en développement sont influencées par des facteurs tels que l'inclusion financière, la technologie, la régulation et la volatilité des prix. Les cryptomonnaies ont le potentiel d'apporter des changements positifs, mais leur adoption et leur utilisation nécessitent une approche réfléchie et adaptée à chaque contexte économique spécifique.

84 - Cryptomonnaies comme classe d'actifs

Les cryptomonnaies ont évolué pour devenir une classe d'actifs distincte, offrant aux investisseurs une alternative aux actifs traditionnels tels que les actions, les obligations et les matières premières. Cette émergence en tant que classe d'actifs a été accompagnée par des avantages et des défis uniques, tout en contribuant à façonner le paysage financier mondial.

Diversification : Les cryptomonnaies offrent une possibilité de diversification pour les portefeuilles d'investisseurs. Étant donné que leur comportement de prix peut différer de celui des marchés traditionnels, l'inclusion de cryptomonnaies peut réduire la corrélation avec d'autres actifs et aider à atténuer les risques.

Rendement potentiel : La volatilité caractéristique des cryptomonnaies peut présenter des opportunités pour les investisseurs à la recherche de rendements élevés. Cependant, il est important de noter que cette volatilité peut également augmenter les risques de pertes substantielles.

Liquidité : Les marchés de cryptomonnaies sont généralement accessibles 24 heures sur 24, offrant une liquidité continue. Cela permet aux investisseurs de négocier et de liquider leurs positions à tout moment, contrairement aux marchés traditionnels qui ont des heures de négociation limitées.

Démocratisation de l'investissement : Les cryptomonnaies permettent à quiconque disposant d'une connexion Internet d'investir, éliminant les barrières géographiques et financières. Cela ouvre la porte à une plus grande participation et à une plus grande inclusion financière.

Risques inhérents : Les cryptomonnaies sont sujettes à des risques spécifiques tels que la volatilité extrême, la régulation changeante et les problèmes de sécurité. Les investisseurs doivent être conscients de ces risques et faire preuve de diligence avant d'investir dans des cryptomonnaies.

Éducation et recherche : En raison de la nouveauté de cette classe d'actifs, l'éducation et la recherche sont essentielles pour les investisseurs. Comprendre les mécanismes sous-jacents, les technologies et les projets spécifiques est crucial pour prendre des décisions éclairées.

La reconnaissance des cryptomonnaies comme une classe d'actifs a conduit à l'émergence de nouveaux produits financiers tels que les fonds indiciels, les fonds négociés en bourse (FNB) et les contrats à terme basés sur les cryptomonnaies. Cependant, la nature émergente et en évolution constante de cette classe d'actifs signifie que des recherches continues et une gestion prudente sont nécessaires pour naviguer dans cet environnement financier en pleine expansion.

85 - Cryptomonnaies et modèles d'affaires

L'émergence des cryptomonnaies a engendré de nouveaux modèles d'affaires et a également influencé les modèles existants, créant ainsi un paysage commercial en évolution constante. Ces modèles d'affaires uniques ont ouvert de nouvelles possibilités tout en présentant des défis uniques pour les entrepreneurs et les entreprises.

1. Émission de Tokens : Les entreprises peuvent émettre leurs propres tokens, souvent appelés tokens utilitaires ou tokens de sécurité, pour financer des projets, attirer des investisseurs ou récompenser les utilisateurs pour leur participation à un écosystème spécifique.

2. Économies de partage décentralisées : Les plateformes basées sur la blockchain permettent la création de marchés pair-à-pair décentralisés, éliminant ainsi les intermédiaires traditionnels et permettant aux utilisateurs de partager des ressources, des biens et des services directement entre eux.

3. Plateformes de finance décentralisée (DeFi) : Les protocoles DeFi permettent aux utilisateurs de prêter, emprunter, échanger et gagner des intérêts sur des actifs numériques, contournant les institutions financières traditionnelles et créant des opportunités de rendement.

4. Tokens Non Fongibles (NFT) : Les NFT permettent la représentation numérique unique et vérifiable de biens physiques et numériques. Ils ont ouvert de nouvelles opportunités pour les créateurs, les artistes et les industries du divertissement pour monétiser leurs créations.

5. Plateformes d'échange de cryptomonnaies : Les plateformes d'échange facilitent l'achat, la vente et le trading de cryptomonnaies. Elles génèrent des revenus par le biais de commissions sur les transactions et ont joué un rôle clé dans l'adoption des cryptomonnaies.

6. Plateformes de contrats intelligents : Les entreprises peuvent utiliser des plateformes de contrats intelligents pour automatiser et exécuter des accords numériques. Cela peut inclure des solutions telles que les assurances décentralisées et les contrats de location automatisés

7. Blockchain pour la chaîne d'approvisionnement : Les entreprises utilisent la blockchain pour suivre et vérifier la provenance des produits tout au long de la chaîne d'approvisionnement, améliorant ainsi la traçabilité et la transparence.

8. Fidélisation des clients : Les entreprises peuvent récompenser les clients avec des tokens ou des réductions basés sur la blockchain pour encourager la fidélité et l'engagement.

Cependant, ces modèles d'affaires ne sont pas exempts de défis. La régulation, la volatilité des prix, la sécurité et la compétition intense sont des considérations importantes auxquelles les entreprises doivent faire face. De plus, chaque modèle d'affaires peut nécessiter une compréhension approfondie de la technologie blockchain et des cryptomonnaies pour être mis en œuvre avec succès.

Les modèles d'affaires liés aux cryptomonnaies reflètent l'innovation constante dans le domaine et sont susceptibles de continuer à évoluer à mesure que la technologie mûrit et que de nouvelles opportunités émergent.

86 - Lutte contre les activités illégales : rôle des cryptomonnaies

Les cryptomonnaies jouent un rôle complexe et multifacette dans la lutte contre les activités illégales. Alors que certains aspects de leur technologie peuvent faciliter des transactions anonymes et échapper à la détection, d'autres caractéristiques, comme la traçabilité de la blockchain, offrent des opportunités pour identifier et prévenir les activités illicites.

La traçabilité offerte par la blockchain est l'une des caractéristiques clés qui peuvent être utilisées pour lutter contre le blanchiment d'argent, le financement du terrorisme et d'autres activités illégales. Chaque transaction en cryptomonnaie est enregistrée de manière permanente dans la blockchain, créant ainsi un registre transparent et immuable. Cela permet aux autorités et aux experts de suivre les mouvements de fonds, d'analyser les schémas de transactions et de relier les parties impliquées dans des activités criminelles.

Toutefois, la nature pseudo-anonyme des transactions en cryptomonnaies peut également présenter des défis pour les efforts de lutte contre les activités illégales. Les adresses de portefeuilles ne sont pas nécessairement liées à des identités réelles, ce qui peut rendre difficile l'identification des parties impliquées dans les transactions. Les criminels peuvent utiliser des portefeuilles anonymes pour masquer leurs mouvements, ce qui peut rendre les enquêtes plus complexes.

Pour faire face à ces défis, de nombreuses juridictions ont commencé à réglementer les échanges de cryptomonnaies et à exiger une vérification d'identité pour les utilisateurs.

Les plateformes d'échange sont souvent tenues de mettre en œuvre des procédures de connaissance de la clientèle (KYC) et de lutte contre le blanchiment d'argent (AML) pour prévenir les abus et s'assurer que seules les transactions légitimes sont effectuées.

Une autre dimension à considérer est le rôle des autorités et des agences de régulation dans la supervision des transactions en cryptomonnaies. La coopération internationale devient de plus en plus cruciale pour suivre les flux de fonds à travers les frontières et identifier les acteurs impliqués dans des activités illégales.

Les cryptomonnaies ne sont ni intrinsèquement bonnes ni intrinsèquement mauvaises en termes d'activités illégales. Leur impact dépend en grande partie de la manière dont elles sont utilisées et réglementées. Les technologies de traçabilité offertes par la blockchain et les réglementations appropriées peuvent jouer un rôle essentiel pour minimiser les risques et maximiser les avantages dans la lutte contre les activités illégales.

87 - Finance décentralisée (DeFi)

La Finance Décentralisée (DeFi) représente une évolution majeure dans le secteur financier, offrant des services traditionnels tels que les prêts, les emprunts, les échanges et les assurances de manière décentralisée, sans l'intermédiaire des institutions financières traditionnelles. Les cryptomonnaies et la technologie blockchain sont au cœur de cette révolution financière, créant de nouvelles opportunités pour les utilisateurs du monde entier.

La DeFi repose sur des protocoles basés sur la blockchain qui automatisent les transactions et les contrats intelligents, éliminant ainsi la nécessité d'intermédiaires. Cela réduit les frais et les délais de traitement, tout en offrant une plus grande accessibilité à des services financiers auparavant réservés à un petit nombre.

Un des aspects les plus remarquables de la DeFi est le prêt et l'emprunt de cryptomonnaies sans l'implication d'une institution financière traditionnelle. Les utilisateurs peuvent mettre en gage leurs actifs numériques et emprunter d'autres cryptomonnaies en utilisant des contrats intelligents. Cela ouvre la porte à une utilisation plus efficace des actifs et à des taux d'intérêt souvent plus compétitifs.

Cependant, la DeFi n'est pas sans défis. La volatilité des cryptomonnaies peut affecter la valeur des actifs mis en gage et empruntés, ce qui peut entraîner des pertes importantes pour les participants. De plus, la DeFi a attiré l'attention des régulateurs qui cherchent à encadrer ces activités, ce qui pourrait potentiellement affecter l'évolution de l'écosystème DeFi.

L'innovation dans la DeFi se poursuit à un rythme rapide, avec de nouveaux projets et protocoles émergents régulièrement. Cela crée un environnement dynamique et en constante évolution, mais également un environnement où il est important pour les utilisateurs de faire preuve de diligence et de comprendre les risques associés.

La DeFi représente une transformation majeure de la finance traditionnelle grâce à l'utilisation de la technologie blockchain et des cryptomonnaies. Elle offre des avantages tels que la décentralisation, la réduction des coûts et l'accessibilité mondiale aux services financiers. Cependant, elle nécessite également une compréhension approfondie des risques et une évaluation prudente avant d'y participer.

88 - Cryptomonnaies et sécurité nationale

L'intersection entre les cryptomonnaies et la sécurité nationale suscite un intérêt croissant à mesure que ces technologies continuent de se développer et de gagner en adoption. Les cryptomonnaies peuvent avoir des implications significatives pour la sécurité nationale à la fois sur le plan positif et négatif, nécessitant une attention particulière de la part des gouvernements et des agences de sécurité.

Potentiel de financement illicite : Les cryptomonnaies peuvent être utilisées pour faciliter des activités financières illicites telles que le blanchiment d'argent, le financement du terrorisme et la cybercriminalité. La nature pseudonyme des transactions en cryptomonnaies peut rendre difficile la détection de ces activités, nécessitant une surveillance étroite et des méthodes d'analyse sophistiquées.

Cyberattaques et espionnage : Les cyberattaques visant les échanges de cryptomonnaies, les portefeuilles numériques et les infrastructures blockchain peuvent avoir un impact significatif sur la sécurité nationale. De plus, les adversaires peuvent utiliser des techniques de cyberespionnage pour obtenir des informations sensibles liées aux projets de cryptomonnaies, aux stratégies d'investissement et aux activités de R&D.

Contrebande et évasion fiscale : Les cryptomonnaies peuvent être utilisées pour faciliter la contrebande et l'évasion fiscale en permettant des transactions transfrontalières rapides et anonymes. Cela peut avoir des implications économiques et fiscales pour les nations, nécessitant des efforts de régulation et de surveillance pour prévenir les abus.

Rôle dans les sanctions économiques : Les cryptomonnaies peuvent potentiellement contourner les sanctions économiques internationales en permettant des transactions sans passer par le système financier traditionnel. Cela peut compliquer les efforts visant à maintenir la pression sur les pays ciblés par des sanctions.

Opportunités en matière de sécurité : D'un autre côté, les technologies de blockchain et de cryptomonnaies peuvent être utilisées pour renforcer la sécurité nationale. La blockchain peut être utilisée pour améliorer la traçabilité des produits, le suivi des chaînes d'approvisionnement et l'authentification des documents, contribuant ainsi à la lutte contre la contrefaçon et les falsifications.

Souveraineté monétaire : L'adoption généralisée de cryptomonnaies peut potentiellement affecter la souveraineté monétaire des pays, remettant en question le contrôle des autorités monétaires sur la politique monétaire et les taux de change.

Les cryptomonnaies ont un impact significatif sur la sécurité nationale, offrant à la fois des opportunités et des défis. Les gouvernements doivent trouver un équilibre entre la promotion de l'innovation dans ce domaine et la mise en place de réglementations et de mécanismes de surveillance pour prévenir les abus et les menaces pour la sécurité nationale. Une approche coordonnée et internationale est essentielle pour faire face aux défis transfrontaliers liés aux cryptomonnaies.

89 - Cryptomonnaies et financement participatif

Les cryptomonnaies ont ouvert de nouvelles voies pour le financement participatif, offrant des opportunités uniques aux projets et aux entreprises qui cherchent à lever des fonds directement auprès de la communauté mondiale des investisseurs. Cette approche, souvent appelée "Initial Coin Offering" (ICO) ou "Token Sale", a créé un écosystème de financement alternatif qui se différencie des méthodes traditionnelles telles que les introductions en bourse (IPO) et les levées de fonds privées.

La démocratisation de l'investissement est l'une des caractéristiques clés des ICOs. Les entrepreneurs et les startups peuvent émettre des tokens numériques en échange de fonds, permettant à un large éventail d'investisseurs, qu'ils soient individuels ou institutionnels, de participer à la croissance potentielle d'un projet. Cela élimine certains obstacles traditionnels à l'investissement, tels que les exigences financières élevées pour les investisseurs accrédités.

Cependant, les ICOs ne sont pas sans risques. La nature relativement non réglementée de cette approche a ouvert la porte à des projets frauduleux et à des escroqueries, incitant les régulateurs à intervenir pour protéger les investisseurs. De plus, la volatilité inhérente des cryptomonnaies peut entraîner des fluctuations significatives de la valeur des tokens, créant des risques potentiels pour les investisseurs.

La popularité initiale des ICOs a également évolué vers d'autres méthodes de financement participatif, telles que les "Security Token Offerings" (STOs) et les "Initial Exchange Offerings" (IEOs). Les STOs offrent des tokens qui sont réglementés en tant que valeurs mobilières, ce qui peut offrir une plus grande protection aux investisseurs. Les IEOs, quant à eux, sont organisés par les plateformes d'échange de cryptomonnaies, ce qui peut renforcer la confiance des investisseurs grâce à leur implication dans la sélection des projets.

Les cryptomonnaies ont radicalement transformé le paysage du financement participatif en offrant de nouvelles opportunités pour les projets innovants de collecter des fonds. Cependant, les investisseurs doivent rester vigilants et bien comprendre les risques associés à ces approches, tout en surveillant les développements réglementaires pour garantir un environnement d'investissement sûr et transparent.

90 - Cryptomonnaies et objets connectés (IoT)

L'intégration des cryptomonnaies avec l'Internet des Objets (IoT) ouvre la voie à de nouvelles possibilités d'innovation et de valeur ajoutée dans le domaine de la technologie. L'IoT consiste en l'interconnexion d'objets physiques à travers Internet, permettant ainsi le partage de données et la communication entre ces objets. L'intégration des cryptomonnaies dans cet écosystème offre des avantages potentiels dans divers domaines.

Automatisation des paiements et des transactions : Les cryptomonnaies peuvent être utilisées pour faciliter des paiements automatisés entre les objets connectés. Par exemple, une voiture autonome pourrait payer automatiquement pour le stationnement ou le ravitaillement en utilisant des cryptomonnaies, éliminant ainsi la nécessité d'interventions humaines.

Micropaiements et économie de partage : L'utilisation de cryptomonnaies permet des micropaiements rapides et peu coûteux entre les objets connectés. Cela ouvre la voie à de nouveaux modèles d'affaires dans l'économie de partage, où les objets peuvent être loués ou partagés sans avoir besoin d'intermédiaires coûteux.

Authentification et traçabilité : Les cryptomonnaies et la technologie de la blockchain peuvent être utilisées pour authentifier et suivre les objets connectés tout au long de leur cycle de vie. Cela peut être particulièrement utile dans des secteurs tels que la chaîne d'approvisionnement et la gestion des actifs.

Récompenses et incitations : Les cryptomonnaies peuvent être utilisées pour créer des incitations et des récompenses pour les objets connectés qui fournissent des données ou des services. Par exemple, un capteur de qualité de l'air pourrait être récompensé en cryptomonnaies pour fournir des données précieuses à un réseau de surveillance environnementale.

Sécurité et confidentialité : L'utilisation de cryptomonnaies peut renforcer la sécurité et la confidentialité des données échangées entre les objets connectés. Les transactions cryptées et les protocoles de sécurité de la blockchain peuvent contribuer à protéger les informations sensibles.

Cependant, l'intégration des cryptomonnaies dans l'IoT soulève également des défis. La gestion de clés privées, la scalabilité des réseaux blockchain et les problèmes de régulation sont autant de considérations à prendre en compte. De plus, l'interopérabilité entre différentes plateformes d'IoT et les protocoles de cryptomonnaies peut être complexe à mettre en œuvre.

L'intégration des cryptomonnaies avec l'IoT offre des perspectives d'innovation et de transformation dans divers domaines. Cependant, il est essentiel de considérer les défis techniques, de sécurité et de réglementation pour maximiser les avantages de cette convergence technologique.

91 - Cryptomonnaies et énergie

L'impact environnemental des cryptomonnaies est devenu un sujet de débat important, en particulier en ce qui concerne la consommation d'énergie associée à l'exploitation minière de cryptomonnaies telles que Bitcoin. Le processus de minage de cryptomonnaies repose sur la preuve de travail, qui nécessite une puissance de calcul élevée pour résoudre des problèmes mathématiques complexes et valider les transactions.

Cette preuve de travail intensive en énergie a conduit à des préoccupations quant à la durabilité environnementale. Les mineurs de cryptomonnaies utilisent souvent des équipements spécialisés, appelés "mineurs", qui consomment une quantité considérable d'électricité. Dans certaines régions, cela a entraîné une demande accrue d'énergie, augmentant ainsi les émissions de gaz à effet de serre et la pression sur les infrastructures énergétiques locales.

Cependant, il convient de noter que tous les projets de cryptomonnaies ne sont pas également énergivores. Certaines cryptomonnaies ont adopté des mécanismes de consensus différents, comme la preuve d'enjeu, qui nécessite moins d'énergie que la preuve de travail. De plus, l'industrie des cryptomonnaies explore activement des solutions pour réduire l'empreinte carbone, notamment en développant des protocoles plus écoénergétiques et en utilisant des sources d'énergie renouvelable pour alimenter les opérations minières.

L'argument en faveur des cryptomonnaies est que leur adoption pourrait stimuler le développement de nouvelles technologies énergétiques durables. Les mineurs pourraient potentiellement contribuer à l'équilibrage des réseaux électriques en agissant comme des consommateurs flexibles d'énergie, utilisant l'électricité lorsqu'elle est abondante et la libérant lorsque la demande est plus élevée.

Pour minimiser l'impact environnemental des cryptomonnaies, une approche équilibrée est nécessaire. Cela inclut la recherche continue de mécanismes de consensus plus écoénergétiques, l'adoption de pratiques minières responsables et durables, et la promotion de l'utilisation d'énergies renouvelables pour alimenter les opérations liées aux cryptomonnaies. Les projets et les investisseurs doivent également prendre en compte l'empreinte carbone lors de leurs décisions, contribuant ainsi à une croissance plus durable de l'industrie des cryptomonnaies.

92 - Convergence technologique : blockchain, IA et Iot

La convergence de la blockchain, de l'intelligence artificielle (IA) et de l'Internet des Objets (IoT) représente une frontière passionnante de l'innovation technologique. Cette combinaison crée un écosystème où ces trois technologies interagissent de manière synergique, offrant de nouvelles opportunités pour la transformation numérique et l'amélioration de divers secteurs.

La blockchain fournit un cadre sécurisé et transparent pour enregistrer et vérifier les transactions, les données et les contrats. Lorsqu'elle est combinée à l'IA, elle peut renforcer la précision et la confidentialité des analyses de données en permettant la validation et la traçabilité des sources. Par exemple, dans le domaine de la santé, la combinaison de la blockchain et de l'IA peut permettre le partage sécurisé des dossiers médicaux et l'analyse des données de santé tout en protégeant la vie privée des patients.

L'intégration de l'IoT enrichit davantage cet écosystème. Les objets connectés génèrent d'énormes volumes de données en temps réel. En utilisant la blockchain et l'IA, ces données peuvent être collectées, vérifiées et analysées de manière sécurisée. Dans le secteur de la logistique, par exemple, la combinaison de l'IoT pour le suivi des marchandises, de la blockchain pour la vérification des étapes de la chaîne d'approvisionnement et de l'IA pour l'optimisation des itinéraires peut améliorer l'efficacité et la transparence de la livraison.

Cependant, cette convergence pose également des défis. Les questions de sécurité, d'évolutivité et d'interopérabilité doivent être abordées pour assurer une collaboration fluide entre ces technologies. De plus, la complexité de cette convergence nécessite des compétences et des connaissances multidisciplinaires pour développer et mettre en œuvre des solutions efficaces.

La convergence de la blockchain, de l'IA et de l'IoT ouvre un monde de possibilités pour l'innovation technologique et la création de valeur dans de nombreux domaines. Cette synergie peut transformer des secteurs tels que la santé, la logistique, l'agriculture, l'énergie et bien d'autres encore. Pour en tirer pleinement parti, il est essentiel de relever les défis techniques et de collaboration, tout en poursuivant la recherche et le développement pour exploiter pleinement le potentiel de cette convergence technologique.

93 - Cryptomonnaies décorrélées de l'économie

L'une des caractéristiques fascinantes des cryptomonnaies est leur tendance parfois à se décorréler de l'économie traditionnelle. Contrairement aux marchés financiers traditionnels où les actifs sont souvent influencés par les événements économiques mondiaux, les cryptomonnaies peuvent parfois présenter des mouvements de prix qui semblent indépendants des facteurs économiques traditionnels tels que les taux d'intérêt, la croissance économique et les politiques monétaires.

Cette décorrélation relative peut être attribuée à plusieurs facteurs :

Nouveau marché et adhésion technologique : Les cryptomonnaies étant relativement nouvelles et basées sur des technologies innovantes comme la blockchain, elles attirent principalement des investisseurs et des utilisateurs intéressés par les aspects technologiques et les avantages qu'elles offrent plutôt que par les événements économiques traditionnels.

Facteurs propres au marché des cryptomonnaies : Le marché des cryptomonnaies est unique en soi, avec des facteurs spécifiques comme les mises à jour de protocoles, les partenariats technologiques, les réglementations spécifiques aux cryptomonnaies et les développements techniques qui peuvent influencer les prix de manière autonome.

Investisseurs diversifiés : Le marché des cryptomonnaies attire une gamme diversifiée d'investisseurs, y compris des individus, des entreprises et des institutions financières. Cette diversité peut contribuer à une certaine décorrélation des facteurs économiques traditionnels.

Cependant, il est important de noter que cette décorrélation n'est pas toujours constante. Les cryptomonnaies peuvent parfois être influencées par des événements économiques mondiaux, notamment en cas de volatilité majeure sur les marchés financiers traditionnels ou de changements significatifs dans les politiques monétaires. De plus, les cryptomonnaies étant encore un marché relativement jeune et en développement, leur comportement peut évoluer au fil du temps à mesure que la compréhension et la participation des investisseurs évoluent.

La décorrélation des cryptomonnaies par rapport à l'économie traditionnelle est un phénomène complexe et en constante évolution. Bien qu'elle puisse offrir des opportunités pour la diversification des portefeuilles et la gestion des risques, les investisseurs doivent rester conscients que les cryptomonnaies ne sont pas complètement isolées des tendances économiques mondiales et doivent prendre en compte l'ensemble du contexte financier lors de leurs décisions d'investissement.

94 - Cryptomonnaies et gestion de patrimoine

Les cryptomonnaies ont émergé comme un élément potentiellement disruptif dans le domaine de la gestion de patrimoine. Alors que les investissements traditionnels tels que les actions, les obligations et les biens immobiliers ont dominé les stratégies de gestion de patrimoine depuis des décennies, les cryptomonnaies offrent une nouvelle classe d'actifs qui suscite un intérêt croissant.

L'inclusion de cryptomonnaies dans un portefeuille de gestion de patrimoine peut apporter plusieurs avantages. Tout d'abord, elles offrent une diversification potentielle en introduisant un actif qui peut réagir différemment aux facteurs économiques et aux événements mondiaux par rapport aux marchés traditionnels. Cela peut aider à réduire le risque global d'un portefeuille.

Cependant, il est important de noter que l'ajout de cryptomonnaies à un portefeuille comporte également des défis et des risques. La volatilité des prix dans le marché des cryptomonnaies est bien documentée, et cela peut avoir un impact significatif sur la valeur du portefeuille. De plus, la réglementation et la sécurité dans l'univers des cryptomonnaies peuvent être complexes, nécessitant une expertise spécifique pour une gestion adéquate.

La décision d'inclure des cryptomonnaies dans un portefeuille de gestion de patrimoine dépendra des objectifs et de la tolérance au risque du client. Les gestionnaires de patrimoine doivent évaluer soigneusement les avantages et les inconvénients potentiels, tout en prenant en compte la stratégie globale du portefeuille et les besoins financiers à long terme du client.

La gestion de patrimoine axée sur les cryptomonnaies nécessite une compréhension approfondie du marché des cryptomonnaies, de la technologie blockchain sous-jacente et des implications réglementaires. Les gestionnaires de patrimoine doivent également suivre de près l'évolution rapide de cet espace pour s'adapter aux nouvelles opportunités et aux risques émergents.

Les cryptomonnaies ont le potentiel de jouer un rôle dans la gestion de patrimoine en offrant une diversification et une exposition à un marché en pleine croissance. Cependant, cela doit être fait avec prudence et en gardant à l'esprit les risques inhérents à cet espace financier dynamique.

95 - Cryptomonnaies et gouvernance

Les cryptomonnaies ont engendré une révolution dans le domaine de la gouvernance en introduisant des modèles innovants et décentralisés qui remettent en question les paradigmes traditionnels de prise de décision et de contrôle. La technologie sous-jacente à la plupart des cryptomonnaies, la blockchain, permet la création de systèmes de gouvernance basés sur des protocoles informatiques et la participation active des détenteurs de cryptomonnaies. Cette évolution a ouvert la voie à de nouvelles formes de gouvernance qui reposent sur la transparence, la décentralisation et l'autonomie des participants.

La gouvernance décentralisée des cryptomonnaies repose souvent sur des mécanismes de vote, où les détenteurs de jetons peuvent exprimer leurs opinions sur des propositions cruciales pour le développement et l'évolution du réseau. Cela donne aux détenteurs de cryptomonnaies un rôle actif dans les décisions qui affectent directement le projet. Loin des processus traditionnels de prise de décision centralisée, les projets de cryptomonnaies s'efforcent d'incarner une forme de démocratie numérique où chaque voix compte.

Cependant, la gouvernance décentralisée n'est pas sans ses défis. Les processus de prise de décision basés sur le consensus peuvent parfois être lents et difficiles à coordonner, en particulier lorsque les détenteurs de jetons ont des opinions divergentes. De plus, il existe des préoccupations quant à la concentration du pouvoir et à l'influence démesurée des gros détenteurs de cryptomonnaies, ce qui pourrait compromettre l'idéal de décentralisation. La question de l'inclusion et de la représentation équitable dans ces systèmes de gouvernance est donc un enjeu crucial à résoudre.

Certains projets de cryptomonnaies ont exploré des modèles de gouvernance hybrides qui combinent des éléments de décentralisation avec des mécanismes de prise de décision plus traditionnels. Cette approche vise à combiner les avantages de la rapidité et de l'efficacité de la gouvernance centralisée avec la transparence et la participation de la gouvernance décentralisée.

L'expérience de la gouvernance des cryptomonnaies a des implications qui dépassent le domaine de la finance et de la technologie. Elle ouvre des discussions plus larges sur la manière dont les systèmes de gouvernance traditionnels pourraient être repensés et améliorés en intégrant les nouvelles possibilités offertes par la technologie décentralisée. Cela soulève également des questions essentielles sur la manière de garantir la représentation équitable, l'inclusivité et la responsabilité au sein de ces nouveaux modèles de gouvernance.

Les cryptomonnaies ont apporté une perspective nouvelle et novatrice sur la gouvernance en introduisant des modèles décentralisés et participatifs. Tout en offrant des avantages tels que la transparence et la responsabilité, ces modèles doivent encore relever des défis pour équilibrer la décentralisation avec l'efficacité décisionnelle. Cette évolution continue d'inspirer des discussions et des explorations sur la manière de concevoir des systèmes de gouvernance plus démocratiques, transparents et responsables.

96 - Ethique de la tokenisation

L'émergence de la tokenisation, qui consiste à représenter des actifs physiques ou numériques sous forme de jetons numériques sur une blockchain, soulève des questions importantes en matière d'éthique et de valeurs. Alors que la tokenisation offre des avantages potentiels en termes de liquidité, de facilité d'échange et d'accessibilité aux actifs traditionnellement illiquides, elle pose également des défis éthiques qui méritent d'être pris en compte.

L'une des questions éthiques majeures liées à la tokenisation concerne la représentation fidèle de la valeur de l'actif. La tokenisation implique de transformer des actifs en lignes de code et en jetons numériques, ce qui peut parfois rendre difficile la capture de la complexité et de la valeur intrinsèque de l'actif. Cela soulève la question de savoir si la tokenisation peut véritablement refléter la valeur réelle de l'actif et si elle peut être équitable pour toutes les parties prenantes.

La tokenisation peut également avoir des implications éthiques en ce qui concerne la propriété et les droits associés à l'actif. La division d'actifs en de multiples jetons peut potentiellement compliquer la compréhension des droits de propriété et de la gouvernance. Il est important de mettre en place des mécanismes transparents et équitables pour garantir que tous les détenteurs de jetons ont une voix et des droits égaux.

Un autre aspect éthique de la tokenisation concerne la sécurité des données et la protection de la vie privée. La tokenisation peut impliquer la collecte et le stockage de données sensibles liées à des actifs et à leurs propriétaires. Il est crucial de mettre en œuvre des mesures de sécurité robustes pour éviter les violations de données et les abus potentiels.

Enfin, la tokenisation peut également soulever des questions d'inclusion et d'accès équitable. Alors que la tokenisation peut offrir des avantages de liquidité, elle peut également exclure les personnes qui n'ont pas accès à la technologie ou qui ne comprennent pas les complexités de la blockchain et des cryptomonnaies. Il est essentiel de veiller à ce que la tokenisation ne crée pas de nouvelles formes d'exclusion ou d'injustice.

La tokenisation soulève des questions éthiques complexes qui touchent à la valeur, à la propriété, à la sécurité des données et à l'inclusion. Les projets de tokenisation doivent aborder ces questions avec sensibilité et mettre en place des mécanismes transparents et équitables pour garantir que les avantages de la tokenisation ne sont pas obtenus au détriment de l'éthique et des valeurs fondamentales.

97 - Cryptomonnaies pour les transferts frontaliers

Les cryptomonnaies ont suscité un grand intérêt en tant que solution potentielle pour les transferts transfrontaliers, offrant la promesse de réduire les coûts, d'accélérer les transactions et d'améliorer l'accessibilité financière pour les populations mal desservies. Cependant, cette utilisation soulève également des questions d'ordre éthique et pratique qui nécessitent une réflexion approfondie.

Sur le plan éthique, l'utilisation des cryptomonnaies pour les transferts transfrontaliers peut offrir des avantages en termes de réduction des coûts et de rapidité, ce qui pourrait être particulièrement bénéfique pour les travailleurs migrants qui envoient de l'argent dans leur pays d'origine. Cela pourrait également améliorer l'accès aux services financiers pour les populations non bancarisées, qui ont souvent du mal à accéder aux systèmes financiers traditionnels.

Cependant, il est important de prendre en compte les risques associés à l'utilisation des cryptomonnaies dans les transferts transfrontaliers. La volatilité des prix des cryptomonnaies pourrait entraîner des pertes importantes pour les utilisateurs, ce qui pourrait avoir des conséquences financières graves, en particulier pour les personnes à faible revenu qui dépendent des transferts transfrontaliers. De plus, la complexité technique et la compréhension limitée des cryptomonnaies pourraient également poser des défis pour les utilisateurs, les exposant à des erreurs coûteuses.

D'un point de vue pratique, l'adoption généralisée des cryptomonnaies pour les transferts transfrontaliers nécessiterait des infrastructures technologiques solides, une éducation financière adéquate et une réglementation appropriée. Les gouvernements et les régulateurs devraient travailler en collaboration avec l'industrie pour mettre en place des cadres réglementaires qui protègent les utilisateurs tout en favorisant l'innovation.

L'utilisation des cryptomonnaies pour les transferts transfrontaliers présente des opportunités et des défis. Il est important de prendre en compte les considérations éthiques liées à l'inclusion financière, à la protection des utilisateurs et à la volatilité des prix. Une approche équilibrée, qui combine l'innovation technologique avec la protection des droits des utilisateurs, est essentielle pour maximiser les avantages potentiels tout en minimisant les risques.

98 - Cryptomonnaies et secteur bancaire

L'interaction entre les cryptomonnaies et le secteur bancaire est un sujet complexe qui englobe une gamme d'aspects éthiques, pratiques et stratégiques. Les cryptomonnaies ont émergé comme une nouvelle classe d'actifs et une technologie financière perturbatrice, suscitant des discussions sur la manière dont elles pourraient redéfinir les interactions entre les individus, les institutions financières et le système économique dans son ensemble.

D'un point de vue éthique, l'intégration des cryptomonnaies dans le secteur bancaire pourrait ouvrir de nouvelles possibilités d'inclusion financière. Les populations non bancarisées ou mal desservies pourraient bénéficier de l'accès aux services financiers via des cryptomonnaies, contournant ainsi les barrières traditionnelles. Cela pourrait également renforcer l'autonomie financière en offrant une alternative aux systèmes bancaires centralisés. Cependant, cela nécessite une éducation financière solide pour que les utilisateurs comprennent les avantages et les risques liés aux cryptomonnaies.

L'utilisation des cryptomonnaies dans le secteur bancaire soulève également des questions de conformité réglementaire et de sécurité. Les régulateurs doivent adapter leurs cadres pour prendre en compte les spécificités des cryptomonnaies tout en préservant la protection des consommateurs, la prévention du blanchiment d'argent et la stabilité financière. De même, les banques devraient mettre en œuvre des protocoles de sécurité avancés pour garantir la protection des actifs numériques de leurs clients.

Sur le plan pratique, l'adoption des cryptomonnaies par les banques pourrait remodeler l'ensemble du paysage financier. Les transactions pourraient devenir plus rapides et moins coûteuses, grâce à la nature décentralisée des cryptomonnaies et à l'élimination des intermédiaires traditionnels. Cela pourrait également favoriser l'innovation au sein des banques, les poussant à repenser leurs offres de services pour rester compétitives dans un environnement en mutation.

Cependant, cela pourrait également entraîner des défis en termes de concurrence. Les cryptomonnaies offrent des alternatives aux services financiers traditionnels, ce qui pourrait inciter les utilisateurs à se tourner vers des solutions plus agiles et adaptées à leurs besoins. Cela pourrait encourager les banques à repenser leurs modèles commerciaux et à explorer des partenariats avec des entreprises technologiques pour rester pertinentes.

L'intégration des cryptomonnaies dans le secteur bancaire soulève des considérations éthiques, réglementaires, pratiques et concurrentielles complexes. Les avantages en termes d'inclusion financière, d'efficacité et d'innovation doivent être pesés contre les défis liés à la réglementation, à la sécurité et aux changements structurels. Une approche équilibrée, guidée par des valeurs éthiques et une vision à long terme de la finance, est essentielle pour naviguer dans cet espace en constante évolution.

99 - Education continue aux cryptomonnaies

L'éducation continue aux cryptomonnaies est devenue un enjeu crucial à mesure que ces technologies gagnent en popularité et en adoption. Alors que de plus en plus de personnes s'intéressent aux cryptomonnaies en tant qu'actifs d'investissement, moyens de paiement ou technologies émergentes, il est essentiel de promouvoir une éducation approfondie et continue pour permettre aux individus de prendre des décisions éclairées et responsables.

D'un point de vue éthique, offrir une éducation continue sur les cryptomonnaies est essentiel pour éviter les malentendus et les pièges potentiels. Les investisseurs novices, attirés par les gains potentiels, pourraient être vulnérables à la désinformation, aux escroqueries et à la volatilité inhérente aux marchés des cryptomonnaies. En fournissant des ressources éducatives de qualité, on peut aider les individus à comprendre les risques et les avantages, à développer des compétences de gestion des risques et à éviter les décisions impulsives.

La formation continue aux cryptomonnaies devrait couvrir divers aspects, allant de la technologie sous-jacente à l'investissement, en passant par la sécurité et les implications réglementaires. Les participants devraient apprendre les bases de la technologie blockchain, la manière dont les transactions de cryptomonnaies fonctionnent, ainsi que les concepts clés tels que les portefeuilles, les échanges et les clés privées. Une compréhension solide de ces éléments permettrait aux utilisateurs d'interagir de manière plus sûre et plus confiante avec les cryptomonnaies.

En ce qui concerne l'investissement, une éducation continue est nécessaire pour aider les individus à élaborer des stratégies adaptées à leurs objectifs financiers et à leur tolérance au risque. Cela implique de comprendre les différentes catégories de cryptomonnaies, les analyses techniques et fondamentales, ainsi que les fluctuations du marché. Une éducation continue peut également encourager l'adoption de stratégies d'investissement à long terme plutôt que de succomber à la spéculation à court terme.

En ce qui concerne l'éthique, il est important que l'éducation aux cryptomonnaies insiste sur les bonnes pratiques de sécurité. Les participants doivent apprendre comment stocker leurs cryptomonnaies en toute sécurité, comment éviter les escroqueries et les attaques de phishing, et comment reconnaître les signes d'une plateforme ou d'un projet frauduleux.

L'éducation continue aux cryptomonnaies joue un rôle central dans la promotion d'une utilisation responsable et éclairée de ces technologies. En offrant des ressources éducatives complètes et accessibles, on peut aider les individus à naviguer dans le monde complexe des cryptomonnaies tout en minimisant les risques potentiels. L'éducation devrait être un pilier fondamental pour permettre aux individus de tirer pleinement parti des avantages des cryptomonnaies tout en restant conscients des défis et des responsabilités qui les accompagnent.

100 - L'avenir des cryptomonnaies

Le futur des cryptomonnaies suscite des spéculations et des débats animés quant à leur rôle potentiel dans l'économie mondiale, la finance et la technologie. Les perspectives à venir pour les cryptomonnaies soulèvent des questions passionnantes, mais également des considérations éthiques, réglementaires et pratiques qui méritent d'être examinées.

D'un point de vue éthique, le futur des cryptomonnaies pose la question de l'inclusion financière à l'échelle mondiale. Alors que de nombreuses populations n'ont pas accès aux services financiers traditionnels, les cryptomonnaies pourraient offrir des solutions pour leur permettre de participer à l'économie mondiale. Cependant, cela nécessite une réflexion sur la manière de garantir que les avantages des cryptomonnaies ne sont pas réservés à une élite technologiquement avertie.

Sur le plan réglementaire, le futur des cryptomonnaies soulève des défis complexes en matière de supervision et de protection des consommateurs. Les gouvernements et les organismes de réglementation cherchent à établir des cadres qui favorisent l'innovation tout en évitant les risques liés à la fraude, au blanchiment d'argent et à la volatilité. Une collaboration étroite entre les acteurs de l'industrie, les régulateurs et les législateurs est essentielle pour élaborer des politiques équilibrées.

Les perspectives technologiques des cryptomonnaies incluent des développements tels que l'amélioration de la scalabilité, la mise à l'échelle des réseaux, l'amélioration de l'efficacité énergétique et l'adoption de nouvelles technologies telles que les protocoles de consensus améliorés. Ces évolutions pourraient contribuer à résoudre certains des défis actuels, tels que les temps de transaction lents et les frais élevés.

En termes de finance, les cryptomonnaies pourraient également évoluer vers des instruments financiers plus sophistiqués, tels que les contrats intelligents et les produits dérivés. Cela pourrait offrir de nouvelles possibilités d'investissement et de gestion des risques, mais cela nécessite également des mécanismes de réglementation et de surveillance robustes.

Le futur des cryptomonnaies est une terre de possibilités et de complexités. Les aspects éthiques, réglementaires et technologiques doivent être soigneusement considérés alors que les cryptomonnaies continuent de se développer et de se propager à l'échelle mondiale. Une approche équilibrée et collaborative entre l'industrie, les régulateurs et les utilisateurs est essentielle pour réaliser le plein potentiel des cryptomonnaies tout en minimisant les risques.

Date de publication

Août 2023

Droits d'Auteur

Crédit

Image par nir_design de Pixabay

www.ingramcontent.com/pod-product-compliance
Lightning Source LLC
Chambersburg PA
CBHW072144290526
45794CB00004B/1417